INVENTAIRE
V32269

V

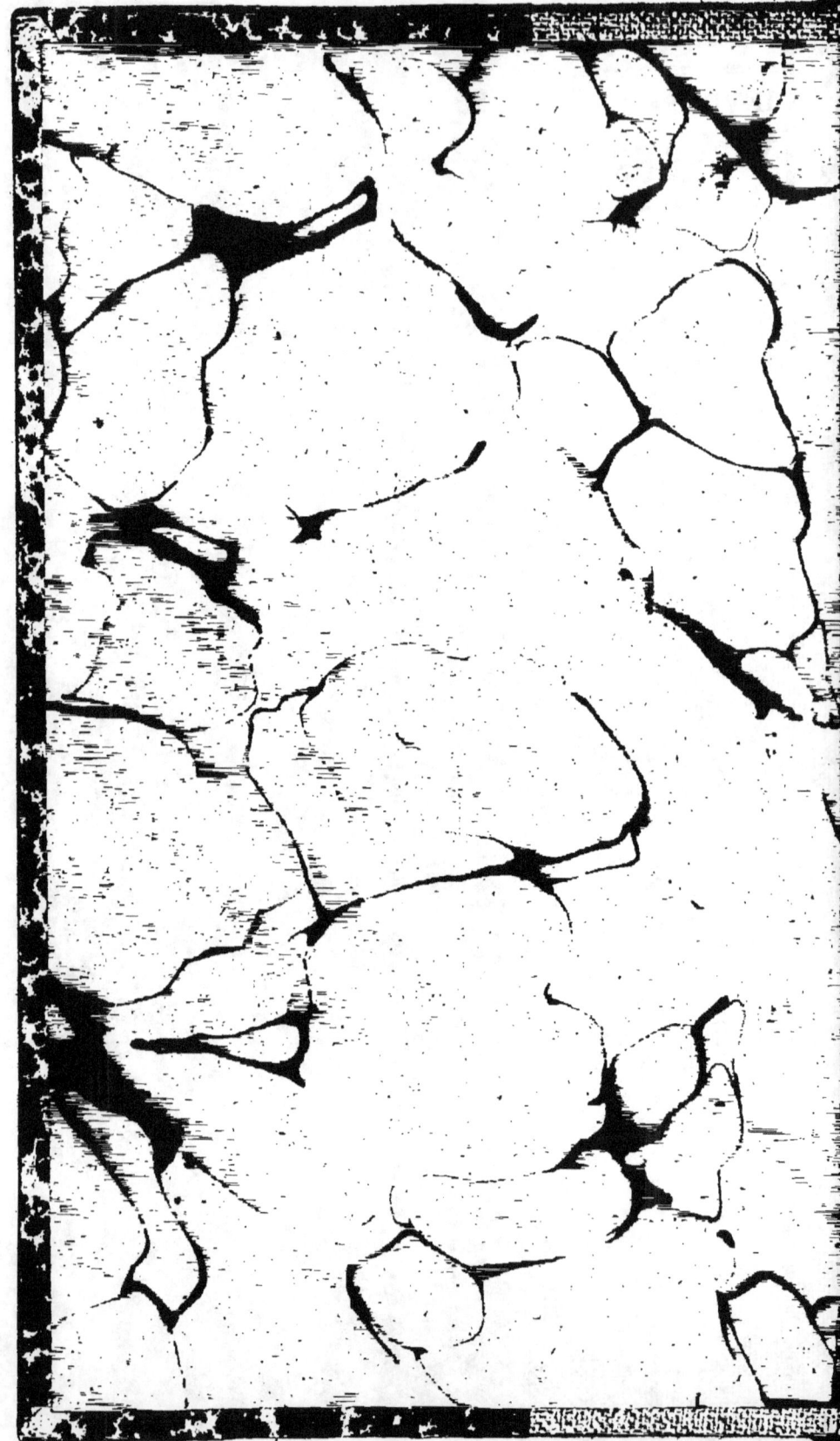

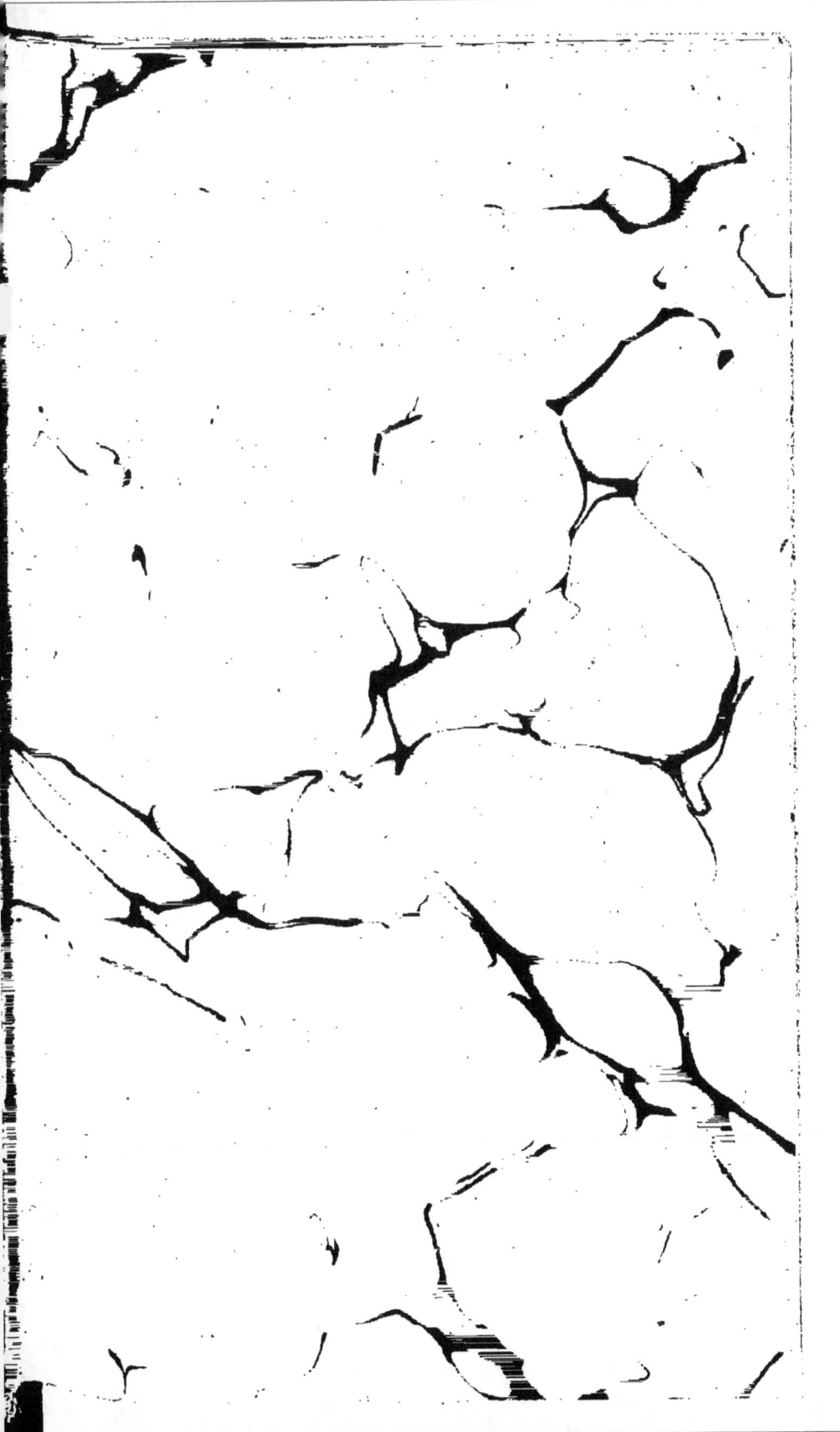

BIBLIOTHEQUE
CHRÉTIENNE ET MORALE

approuvée

PAR Mgr L'ÉVÊQUE DE LIMOGES.

In-12 2º Série.

Tout exemplaire qui ne sera pas revêtu de notre griffe sera réputé contrefait, et poursuivi conformément aux lois.

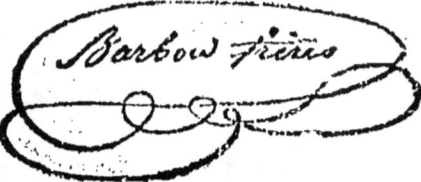

LA PEINTURE

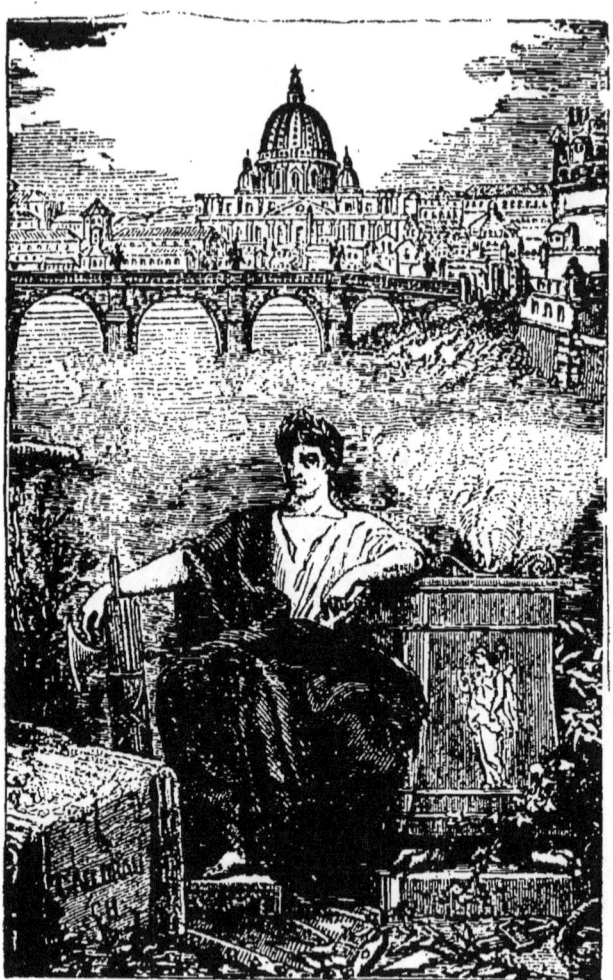

La peinture.

LA PEINTURE

CHEZ LES ROMAINS ET LES ÉGYPTIENS

PAR BIÉCHY.

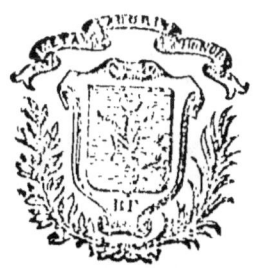

LIMOGES
BARBOU FRÈRES, IMPRIMEURS-LIBRAIRES.

DE LA PEINTURE

I

INTRODUCTION

Les commencements de la peinture furent fort simples et fort grossiers; à l'aide du temps et de l'expérience elle se développa peu à peu; elle trouva les jours et les ombres, avec la différence des couleurs qui se relèvent l'une par l'autre, et enfin elle mit en usage le clair obscur, comme le dernier éclat et la consommation du coloris. De même que dans la nature les couleurs ne se succèdent point, en général, par des transitions brusques, mais par des tons différents qui s'unissent les uns aux autres d'une manière insensible, de même dans la peinture il y a des combinaisons et des dégradations de lumière presque imperceptibles, qui passent des nuances les plus éclatantes aux moins brillantes. C'est par cette distribution enchanteresse des lumières et des ombres, et par les prestiges de cet art merveilleux, que les peintures font illusion aux sens et en imposent aux yeux des spectateurs.

Cet appât séduisant de la peinture qui frappe et attire tout le monde, est la principale source de l'effet qu'elle produit; c'est elle qui fait que personne ne peut passer indifféremment par un lieu où sera quelque tableau qui porte ce caractère, sans être comme surpris, sans s'arrêter et sans jouir quelque temps du plaisir de sa surprise. Mais ce caractère, la peinture ne peut le posséder qu'à une seule condition, à la condition d'être vraie. « Rien n'est beau que le vrai, le vrai seul est aimable, » a dit Boileau, et cette pensée si juste s'applique à la peinture comme à la poésie.

Il importe cependant de remarquer qu'il y a, pour l'une comme pour l'autre, trois sortes de vrai : il y a le vrai *simple*, le vrai *idéal* et le vrai *composé*. Le vrai *simple* n'aspire qu'à reproduire la nature physique telle qu'elle est, soit pour elle-même, soit comme un symbole des idées ou des sentiments des hommes; le vrai *idéal* aspire à reproduire non plus la nature telle qu'elle est, mais telle que la pensée la conçoit, avec toute la grâce, toute la beauté, toute l'harmonie que l'imagination peut concevoir ; enfin le vrai *composé* consiste dans l'art de combiner, dans ses œuvres, le vrai *idéal* et le vrai *simple*.

Le vrai simple fournit le mouvement et la vie ; il est pauvre dans certaines parties, mais riche dans son tout.

Il n'est point d'homme ni de femme, quelque heureux qu'ils puissent être, en qui une critique sévère ne puisse trouver quelque point par où ils laissent à désirer, où ils n'ont point toute la perfection de forme imaginable. La pensée conçoit une beauté infiniment plus parfaite que la beauté physique : la réalité physique est toujours inférieure à l'idée ; c'est pourquoi elle nous procure toujours des déceptions quand, dégradant notre noble nature, nous nous reposons en elle et voulons y trouver le bonheur. L'art consiste précisément à produire des œuvres supérieures à la réalité de toute la supériorité de la pensée sur la matière. C'est là la mission de l'art, ou plutôt c'en est la première partie.

La vraie mission de l'art, c'est de *moraliser* : il moralise, en élevant nos âmes, par la reproduction de la beauté idéale, beauté qui n'est ou au moins ne doit être que le symbole de la beauté morale. Tout autre but assigné à l'art en général et à la peinture en particulier en est une véritable dégradation. C'est dans sa moralité que l'art puise sa grandeur et son unique valeur. Il est vrai qu'un indigne abus en a été fait trop souvent : mais l'abus qu'on a pu faire d'une chose ne fut jamais un argument contre elle. Cette grande et noble fin de l'art fut comprise ainsi dans toute l'antiquité. Fabius, Scipion et tous les vieux Romains dont l'histoire a conservé les noms, avouaient qu'à la vue des images de leurs ancêtres ils se sentaient puissamment animés à la vertu : « Il leur semblait, dit Polybe, que ces grands hommes, sortis un instant de leurs tombeaux et pleins de vie, les animaient de vive voix à marcher sur leurs traces. » Agrippa, gendre d'Auguste, dans une harangue magnifique et digne d'un grand citoyen, représenta avec force combien il eût été utile à la république qu'on exposât publiquement, à Rome, les chefs-d'œuvre de l'antiquité, pour allumer dans les jeunes gens une noble émulation ; ce qui eût mieux valu que de reléguer ces monuments à la campagne dans les jardins et les lieux de plaisance. Aristote dit avec raison que les œuvres de la sculpture et de la peinture enseignent à former les mœurs par une méthode plus efficace que celle des philosophes, et qu'il est des tableaux aussi capables de faire rentrer en eux-mêmes les hommes vicieux que les plus beaux discours de morale. Un trait rapporté par un Père de l'Eglise confirme cette assertion : saint Grégoire de Naziance raconte qu'une femme de mauvaises mœurs, se trouvant dans un lieu où elle n'était d'ailleurs pas venue pour faire un retour sur elle-même ni même des réflexions sérieuses, jeta, par hasard, les yeux sur le portrait de Polémon, philosophe fameux par son changement de vie, qui tenait du prodige, et rentra en elle-même à la vue de ce portrait. Un historien rapporte qu'un tableau du jugement dernier contribua beaucoup à la conversion d'un roi des

Bulgares ; et saint Grégoire de Nysse avoue qu'il fut touché jusqu'aux larmes par la vue d'un tableau.

Les monuments de l'art ont donc une influence capitale sur les âmes : quand cette influence est employée pour le bien, l'art remplit la mission pour laquelle il a été donné à l'homme; quand elle est employée pour le mal; quand, au lieu de moraliser, l'art se fait corrupteur, il se déshonore, et, devenu indigne du nom de libéral, il n'est plus qu'un odieux instrument de débauche et de crime. Quelle responsabilité énorme que celle de l'artiste! surtout de celui qui emploie à enseigner le vice, à troubler les âmes, à allumer le feu des passions, ce talent que Dieu lui avait donné pour une autre fin. Tant que son œuvre vivra elle fera le mal, et prolongera peut-être ses ravages et la culpabilité de l'artiste longtemps après qu'il sera déjà descendu dans la tombe.

II

DES DIFFÉRENTES ESPÈCES DE PEINTURES

Les anciens n'ont point connu le procédé de la peinture à l'huile : ce procédé fut inventé par un peintre flamand nommé Van-Dyk, plus connu sous le nom de Jean de Bruges, au commencement du XVe siècle.

Les anciens ne peignaient donc qu'à *fresque* ou à *détrempe*, à l'*encaustique* ou en *émail*.

On appelle *fresque* une peinture faite sur un enduit de mortier encore frais, avec des couleurs détrempées dans de l'eau. La peinture s'incorpore ainsi avec le mortier et participe à sa solidité et à sa durée. Polygnote et Diognète avaient peint ainsi les murs du temple des Dioscures à Athènes, et Pausanias, qui vit ces peintures six cents ans après, assure qu'elles s'étaient conservées dans un état d'intégrité parfaite. Néanmoins les peintres ne se servaient point volontiers de ce genre, qui attachait leurs œuvres à la fortune des édifices, et les exposait à périr avec eux : ils préféraient faire des tableaux mobiles, qu'en cas de danger on pouvait emporter facilement, et préserver soit des flammes, soit de tout autre agent destructeur.

La *détrempe* est une peinture faite seulement de couleurs délayées avec de l'eau et de la colle ou de la gomme.

L'*encaustique* est une peinture faite avec de la cire colorée diversement que l'on applique sur le bois ou sur l'ivoire au moyen du feu.

L'*émail* est une espèce de verre opaque ou diaphane, que l'on fait avec un mélange de silicates de soude, au moyen du deutoxide d'étain, cet aspect blanc de lait et opaque qui le distingue de la faïence. On le colore comme les autres verres, en ayant soin seulement de prendre une dose de matière colorante plus forte.

III

DE LA PEINTURE CHEZ LES ÉGYPTIENS

Les Egyptiens cultivèrent la peinture dès la plus haute antiquité; ils l'employèrent surtout à l'ornement de leurs édifices, et l'appliquèrent également sur les matières les plus dures et les plus tendres. Leurs couleurs étaient, en général, à base métallique, ce qui leur donnait cette solidité et cette durée qui font qu'après trente siècles ils ont encore conservé leur fraîcheur et leur éclat primitif. Ils variaient leurs procédés de coloration selon les matières sur lesquelles ils peignaient : ils appliquaient immédiatement la couleur sur la pierre ; le bois, au contraire, était recouvert d'abord d'une couche de blanc de céruse. C'était encore sur cette dernière matière qu'ils appliquaient les feuilles d'or des dorures. Les sculptures et les parois mêmes de presque tous leurs monuments sont coloriées; il en est de même des tombes des vieux Pharaons à Biban-el-Molauk. Ils n'employèrent que six couleurs: le blanc, le noir, le bleu, le rouge, le jaune et le vert. Le noir leur servait surtout à tracer les contours des figures, dont l'intérieur était ensuite colorié par des teintes plates assez heureusement combinées. Le bleu fut employé par eux par profusion ; et ce qu'il y a de plus remarquable, c'est qu'ils faisaient cette couleur avec le cobalt, dont l'usage en peinture, perdu depuis eux, est une des découvertes les plus importantes du xviii siècle. — C'est principalement dans les tombeaux qu'on a découvert les monuments de la peinture égyptienne. Ces monuments sont des plus variés : outre les scènes religieuses ou funéraires, on y voit une foule de traits tirés de la vie civile, militaire ou domestique ; les travaux de l'agriculture, les échanges du commerce, la pêche, la chasse, des danses, des jeux gymniques, des instruments de musique, des meubles d'une grande élégance, des vues de jardins très-étendus, et peuplé d'habitants qui se livrent à des occupations ou à des divertissements. On a trouvé un plan levé, et mêm de escaricatures fort bien faites. Toutes figures sont dessinées de profil ; mais la science des lumières, des ombres et de la perspective n'y est pas fort avancée. Il en était, du reste, de la peinture en Egypte, comme de la sculpture ; pour chaque sujet, le choix des couleurs était déterminé par les lois ou par l'usage, et ici encore rien n'était laissé à l'arbitraire

IV

DE LA PEINTURE CHEZ LES ÉTRUSQUES.

Au témoignage de Pline, la peinture chez les Étrusques avait atteint déjà un certain degré de perfection, avant même que chez les Grecs elle n'eût secoué les langes de l'enfance. Les caractères de leur statuaire se retrouvent, en général, dans leur peinture. Bien qu'ils employassent celle-ci dans toutes les parties de l'architecture, c'était cependant dans les tombeaux qu'ils en faisaient le plus fréquent usage. Ces demeures suprêmes de la mort étaient pour ce peuple, comme pour toute l'antiquité, l'objet de la sollicitude la plus louable ; on les décorait avec un soin parfait, et on appelait à leur secours, pour les embellir, toute la magie des beaux-arts ; on les remplissait d'images douces et riantes, dans la Grèce ; sombre et austères, dans l'Etrurie ; mais partout le dogme de l'immortalité de l'âme, dogme nécessaire et sublime autant qu'il est consolant, était écrit dans tous les ornements, comme une protection vivante de la mort au sein de la mort même. On a trouvé des peintures étrusques dans presque tous les monuments de l'Etrurie, et jusque dans la campagne de Rome, qui était primitivement un territoire étrusque. A Cornéto, ville bâtie sur l'emplacement de l'ancienne Tarquinie, on voit encore, de nos jours, près de deux mille grottes, creusées à une vingtaine de pieds sous terre, et ayant autrefois servi de tombeaux aux Étrusques. Les pilastres en sont chargés d'arabesques, et une frise, qui tourne autour de chacune d'elles, est ornée de figures peintes, de deux à trois palmes de hauteur, drapées, ailées, armées, combattant ou traînées dans des chars attelés de chevaux ; on y voit des larves, des génies ailés, des fantômes, des furies, des figures réelles ou symboliques, des scènes du passage des âmes dans l'autre vie, des images, tantôt rassurantes, tantôt terribles, du sort qui les y attend, et, en un mot, toutes les représentations relatives à la doctrine des Étrusques sur l'immortalité de l'âme,

Dans quelques-unes de ces grottes funéraires, qui ont été découvertes récemment, les couleurs brillent encore de tout leur éclat ; elles ne sont pas fondues, mais appliquées par couches plates sur un enduit de stuc très-fin, avec une apparence très-brillante.

Ces grottes, qui toutes remontent à une haute antiquité, attestent combien fut considérable l'influence de la Grèce sur l'art étrusque : les costumes, dans les peintures, les accessoires, les vases, les instruments, tout y est grec. Le style du dessin est entièrement semblable à celui des vases grecs d'ancienne fabrique ; il est d'ailleurs ferme et correct, sans sécheresse. Mais ce qu'il y a de plus remarquable, ce sont les couleurs, qui, par leur nombre, soulèvent un problème assez difficile à résoudre. En effet, Pline assure que les anciens peintres grecs ne connurent l'usage que de quatre couleurs, tandis que l'on en trouve six dans les grottes funéraires en question: ces couleurs sont: le *blanc*, le *noir*, le *rouge*, le *jaune*, le *bleu* et le *vert*, c'est-à-dire toutes les couleurs essentielles, celles du mélange desquelles peuvent se former toutes les autres: d'où il résulte, dit à ce sujet M. Raoul-Rochette, qu'à l'époque, quellequ'elle soit, mais certainement très-ancienne, où ces peintures furent exécutées, les anciens connaissaient et mettaient en œuvre tous les éléments nécessaires à l'achèvement de l'art; et cela bien avant l'époque marquée dans Pline.

Voici la traduction du passage de Pline qui soulève cette difficulté: après avoir énuméré les couleurs que la peinture employait de son temps, il ajoute: « Sur quoi je ne puis m'empêcher, à la vue d'une si grande variété de couleurs et de coloris, d'admirer la sagesse et l'économie de l'antiquité : car ce n'est qu'avec quatre couleurs simples et primitives que les anciens peintres ont exécuté ces ouvrages immortels qui font encore aujourd'hui toute notre admiration : le *blanc* de Mélos, le *jaune* d'Athènes, le *rouge* de Sinope et le simple *noir*. Voilà tout ce qu'ils ont employé ; et néanmoins c'est avec ces quatre couleurs bien ménagées qu'un Apelles, un Mélanthe, les plus grands peintres qui furent jamais, ont produit ces pièces merveilleuses dont une seule était d'un tel prix qu'à peine toutes les richesses d'une ville suffisaient-elles pour l'acheter. » (Pline, XV, 7.)

V

DE LA PEINTURE CHEZ LES GRECS

La Grèce a dû passer par tous les degrés d'épreuves qu'exigeait le perfectionnement successif de la peinture. On peut, à la vérité, objecter à cette assertion que, plusieurs siècles avant la guerre de Troie, elle avait reçu des colonies égyptiennes, qui avaient pu lui faire connaître la peinture proprement dite, qui décorait des monuments bien antérieurs à l'époque de la migration de ces colonies; mais il faut observer que la même objection se reproduirait à propos de l'architecture et de la sculpture, et que l'on sait cependant, par des documents authentiques et irrécusables, que ces deux arts aussi, malgré la venue des colonies égyptiennes, avaient passé par les phases de la plus extrême enfance. Il paraît cependant que la peinture se développa de meilleure heure que la statuaire, puisque l'on trouve déjà de grands tableaux, tels que la bataille des Magnésiens en Lydie, par Bularchus, peints dès la XVIIIe olympiade, au commencement du VIIe siècle avant notre ère.

Quoi qu'il en soit, les Grecs portèrent la

peinture au plus haut degré de perfection, bien qu'ils lui préférassent, et de beaucoup, la sculpture. Pausanias ne cite que 88 tableaux et 45 portraits, tandis qu'il décrit 2,827 statues. La Grèce n'en produisit pas moins un grand nombre de peintres célèbres, qui traitèrent tous les genres, depuis l'histoire jusqu'à la caricature. Quelques détails sur les principaux de ces peintres ne paraîtront peut-être pas hors de propos ici.

Polignote, qui florissait vers le milieu du ve siècle avant J.-C., fit les peintures du *Pœcile*, où il représenta les principaux événements de la guerre de Troie. Malgré l'immensité de ce travail, il fut assez riche et assez généreux pour pouvoir en refuser le salaire. Le conseil des Amphictyons, qui représentait les états de la Grèce, l'en remercia par un décret solennel au nom de la nation, et ordonna que, dans toutes les villes où il passerait, il serait désormais logé et défrayé aux dépens du public.

Apollodore trouva le secret de représenter au vif et dans la plus grande beauté les objets de la nature, par la corruption du dessin, par l'entente du coloris, par la distribution de la lumière, des ombres et du clair-obscur. (Il florissait au temps de Polygnote.)

Zeuxis, son disciple, profita de ses découvertes pour faire faire de nouveaux pas à la peinture. Il obtint par-là de prodigieux succès, qui lui inspirèrent la vanité la plus puérile. Il se fit voir aux jeux olympiques, devant toute la Grèce, couvert d'une robe de pourpre, avec son nom, en lettre d'or, brodé au dos de ce vêtement. Il en vint à ce point de vanité de ne plus vouloir vendre ses tableaux, et de les donner gratuitement, parce que, disait-il, aucun prix ne ne pouvait les payer. Son amour-propre reçut pourtant un jour une atteinte cruelle, s'il faut en croire un récit peu vraisemblable. Parrhasius lui disputa le prix de peinture. Zeuxis fit, pour ce concours, un tableau où il avait si bien peint des raisins que des oiseaux s'en approchèrent pour en becqueter le fruit. Aussitôt, transporté de joie et tout fier du suffrage de ces juges, non suspects et non récusables, il demanda à Parrhasius de faire paraître ce qu'il avait à lui opposer. Parrhasius obéit, et présenta un tableau qui paraissait couvert d'un rideau d'une étoffe délicate. « *Tirez ce rideau,* dit Zeuxis d'un air ironique, *et que nous voyions ce beau chef-d'œuvre.* » Zeuxis avait trop parlé, et ces paroles lui coûtèrent la victoire : le rideau était le tableau même. Le peintre vaniteux, qui ne savait pas se taire à propos, dut s'avouer vaincu : « *Je n'ai trompé que les oiseaux, et Parrhasius m'a trompé moi-même qui suis peintre.* »

Parrhasius, que nous venons de voir lutter contre Zeuxis, et qui fit aussi faire de fort grands progrès à la peinture, était, s'il est possible, plus présomptueux que son rival. Il ne rougissait pas de se donner à lui-même les épithètes les plus flatteuses et les noms les plus relevés, en signant ses tableaux : *l'élégant, le poli, le délicat* Parrhasius ; *l'artiste consommé, le fils d'Apollon, né pour peindre les dieux mêmes.* Lui aussi, et ce fait est plus certain que le précédent, eut à dévorer une cruelle défaite. Il s'agissait de remporter le prix d'un concours ; le sujet du tableau était un Ajax outré de colère contre les Grecs de ce qu'ils avaient adjugé les armes d'Achille à Ulisse. Le prix fut adjugé à Timanthe. Le vaincu chercha à se consoler de la honte de sa défaite par un bon mot où perçait encore sa vanité : « Voyez, dit-il, mon héros ! son sort me touche encore plus que le mien propre : il est vaincu une seconde fois par un homme qui ne le vaut pas. »

Pamphile, qui était contemporain de ces maîtres, fut le premier qui joignit l'érudition au talent dans la peinture ; il s'était attaché à l'étude des mathématiques, et soutenait que sans elles il était impossible de devenir bon peintre. Ses leçons furent tellement recherchées qu'il put en fixer le prix à dix talents par an. Il eut l'honneur de compter parmi ses disciples Apelles et Mélanthe. Il obtint, d'abord à Sycyone, puis dans toute la Grèce, l'établissement d'une espèce d'académie, où les enfants de condition libre qui avaient des dispositions pour les beaux-arts étaient élevés et instruits avec soin. Il obtint encore un autre édit de tous les États de la Grèce, par lequel la peinture fut interdite aux esclaves.

Le chef-d'œuvre de Timanthe fut son tableau du sacrifice d'Iphigénie : il avait épuisé d'abord tout son art à représenter la tristesse à ses divers degrés chez les divers assistants de cette scène tragique ; quand il en vint au père de l'infortunée jeune fille, désespérant de rendre *dignement* une si grande douleur, il prit le parti de lui voiler le visage. Cette idée fit le plus grand honneur à cet artiste : ce n'était point, en effet, par impuissance d'exprimer un violent désespoir qu'il avait eu recours à ce moyen; non : plus la passion est forte, plus les traits du visage, mis en rapport avec elle, prennent des formes prononcées et faciles à rendre; mais Timanthe était pénétré des vrais principes de l'art, il savait que tout doit y être subordonné au beau ; une affection aussi vive que celle d'Agamemnon n'eût pu se peindre que par des formes ingrates pour l'art, et, en montrant le principal personnage de son tableau sous un aspect peu agréable, il eût détruit et la dignité de ce personnage et celle de la composition tout entière. Il préféra donc sacrifier une figure qui ne pouvait être vue telle qu'elle eût dû être, et la voila, laissant ainsi deviner ce qu'il ne pouvait pas montrer et qu'il ne voulait pas peindre.

Apelles est le Phidias de la peinture : il fut dans l'antiquité ce que Raphaël et Michel-Ange furent pour les temps modernes. Il était né à Cos, et reçut le droit de cité à Ephèse. Ce qui distingua son talent, ce fut surtout une grâce inimitable, la pureté, l'élégance et le choix des formes. Mais ce qui doit le distinguer encore davantage au milieu de tous ces peintres que nous avons vus aussi présomptueux et vains que célèbres, c'était sa rare modestie. Bien qu'il jouît déjà d'une grande renommée, il n'en entreprit pas moins un grand voyage, dans l'unique but de visiter tous les ateliers de la Grèce et de se perfectionner dans son art, en étudiant les procédés de ses plus illustres confrères. Ce fut dans le cours de ce voyage qu'il fit connaissance avec l'un des premiers peintres de son temps, Protogène, qui vivait à Rhodes, et dont la réputation était depuis longtemps parvenue aux oreilles d'Apelles. La manière dont se fit cette connaissance entre ces deux grands hommes est digne d'être rapportée.

Lorsque Apelles arriva dans l'atelier de Protogène, il n'y trouva qu'une vieille esclave qui le gardait, et une toile monté sur un chevalet, mais sur laquelle il n'y avait encore rien de peint. L'esclave lui demandant son nom : « Je vais le mettre ici, » dit-il ; et, prenant un pinceau, il fit quelques traits d'une extrême délicatesse. Protogène apprit, à son tour, de l'esclave ce qui s'était passé, et considérant avec admiration les traits qui avaient été dessinés, il s'écria : « C'est Apelles ; il n'y a que lui au monde qui soit capable d'un dessin de cette finesse et de cette légèreté. » Prenant alors une autre couleur, il fit sur les mêmes traits des lignes plus correctes et plus délicates encore, et dit à l'esclave que, si l'étranger revenait, elle lui montrât ce qu'il venait de faire, et l'avertît en même temps que c'était là l'ouvrage de l'homme qu'il était venu chercher. Il sortit là-dessus, et Apelles revint bientôt après ; mais, honteux de se voir inférieur à son rival, il prit une troisième couleur, et, à travers les traits qui avaient été faits, il en conduisit de si savants et de si merveilleux, qu'il y épuisa toute la subtilité de son art. A cette vue, Protogène ne put s'empêcher de dire : « Je suis vaincu, et je cours embrasser mon vainqueur. » Ils se lièrent depuis lors d'une vive amitié, qui ne se démentit jamais. Quant au tableau qui avait été le champ glorieux de leur lutte, ils convinrent de le laisser tel qu'il était. Ce tableau devint, en effet, un monument précieux et des plus recherchés ; il fut transporté à Rome, et y fut exposé à la curiosité publique dans la galerie de peinture d'Auguste : il fut consumé dans un incendie qui dévora cette galerie.

Apelles travaillait avec beaucoup de soin chacune de ses compositions ; mais cependant il ne poussait point l'exactitude en ce point jusqu'au scrupule, ainsi que le faisait Protogène : aussi disait-il de ce dernier qu'il n'y avait qu'une chose dans laquelle Protogène lui fût intérieur, c'était que *celui-ci ne savait point quitter son pinceau.* Un de ses disciples lui montra un jour un tableau, en lui disant qu'il l'avait fait très-vite : « Je le vois bien, lui répondit-il, sans que vous me le disiez ; et je suis étonné que dans ce temps, quelque court qu'il fût, vous n'en ayez pas fait davantage de cette sorte. » Un autre lui montra le portrait d'une Hélène qu'il avait chargée de pierreries : « Mon ami, lui dit-il, n'ayant pu la faire belle, vous avez du moins voulu la faire riche. »

Nous avons déjà parlé de son extrême modestie : il avait l'habitude, quand il pensait avoir achevé un ouvrage, de l'exposer aux regards des passants, et d'écouter, caché derrière un rideau, ce qu'on disait, dans l'intention de corriger les défauts qu'on pourrait y remarquer. Un cordonnier trouvant un jour qu'il manquait quelque chose à la sandale d'un personnage représenté sur un de ces tableaux, le dit librement. La critique était fondée, et, lorsqu'il repassa le lendemain, il vit que la faute avait été corrigée. Tout fier de son succès, il s'avisa de censurer aussi une jambe à laquelle il n'y avait rien à reprocher. Apelles, sortant de derrière sa toile, avertit le cordonnier de se borner à sa spécialité : *Que le cordonnier, dit-il, ne s'élève pas au-dessus de la chaussure: Ne sutor ultrà crepidam.*

Nous avons vu de quelle faveur ce grand peintre jouit près d'Alexandre le Grand : de tels hommes étaient faits pour s'estimer et s'aimer. Il ne fut pas également heureux près des généraux du conquérant. L'un de ceux-ci vint le voir un jour dans son atelier, et, tout en considérant les tableaux, il se répandit en réflexions peu justes sur la peinture, comme font tous ceux qui veulent parler d'une chose qu'ils ignorent. Apelles, lassé de ces discours, ne put s'empêcher de lui dire : « Voyez-vous ces jeunes garçons qui broient mes couleurs ? tant que vous avez gardé le silence, ils vous ont admiré, éblouis de l'éclat de votre pourpre et de l'or qui brille sur vos habits ; depuis que vous avez parlé de choses que vous n'entendez point, ils ne cessent de rire. Apelles s'attira, on ne sait comment, la disgrâce de Ptolémée, et ayant été jeté par une tempête sur les côtes de l'Egypte, où régnait ce prince, il n'eut pas beaucoup à se louer de l'accueil qu'il y reçut. Il s'en vengea en composant un tableau où il représenta un homme couvert de vêtements splendides, mais portant de longues oreilles, comme Midas, et qui appelait à lui une femme sous les traits de laquelle le peintre avait représenté la calomnie.

Protogène, avec qui Apelles avait eu des relations si célèbres, florissait vers le milieu du quatrième siècle avant Jésus-Christ. Son chef-d'œuvre était un tableau qui représentait un personnage nommé Jalisus, au sujet duquel on n'est point d'accord. L'artiste y travailla pendant sept ans. Il avait à peindre, dans cet ouvrage, un chien écumant de fatigue et de chaleur : vingt fois il recommença sa gueule béante, sans pouvoir l'exprimer avec vérité. Enfin, le hasard le servit au moment où, de dépit, il effaçait avec une éponge ce qu'il avait fait. L'éponge, en passant sur la couleur, lui donna les traits et les nuances que Protogène avait demandés à son art. Le même trait est attribué à Apelles pour l'écume d'un cheval. Ce dernier artiste, en voyant le tableau de Jalisus, demeura, dit-on, muet d'admiration. Ce tableau devint l'honneur de Rhodes, qu'habitait Protogène. Cette ville dut même son salut à la possession de ce chef-d'œuvre. Démétrius Poliorcète, qui l'assiégeait, se préparait à brûler un faubourg qui lui fermait les approches de la place; mais, apprenant que le tableau de Jalisus décorait un des édifices destinés à être livrés aux flammes, il aima mieux renoncer à son entreprise que de se faire reprocher une perte si déplorable pour les arts. Pendant ce siége, Protogène habita tranquillement une petite maison située au milieu des lignes des assiégeants. Etonné de sa sécurité, Démétrius lui demanda quelle en était la source : « Je sais, répondit l'artiste, que vous faites la guerre aux Rhodiens, et non pas aux arts. » Démétrius prit à cœur de faire respecter l'asile du peintre, et il fit mettre un poste pour le protéger. Ce fut dans cette situation qu'il fit la plus gracieuse de ses compositions : elle avait pour sujet un satyre se reposant et jouant sur ses pipaux ; près de lui était un fût de colonne, sur lequel une caille s'était posée. Elle était peinte avec tant de goût et de vérité que tous les yeux se portaient sur elle, et que le satyre, quelque admirable qu'il fût, et bien que ce fût le principal personnage du tableau, n'attirait ni l'attention ni les éloges. Protogène comprit qu'il avait mis trop de soin et de perfection à ce qui ne devait être que l'accessoire, et il effaça lui-même cette caille, qui faisait manquer l'effet véritable que son tableau eût dû produire.

Tels sont les faits les plus intéressants que présente l'histoire de la peinture ancienne : malheureusement de tous ces beaux ouvrages, rien ne nous est parvenu que la juste renommée dont ils jouirent dans l'antiquité. Les œuvres de la peinture, plus fragiles que celles de tous les autres arts, ont aussi le plus souffert de l'injure du temps ; et si nous possédons encore plusieurs des beaux monuments de l'architecture, nous n'avons plus, en fait de monuments de la peinture antique, que les fresques découvertes à Pompéi et à Herculanum, et qui, pour la plupart, ont été enlevées des murailles sur lesquelles elles avaient été appliquées, au moyen d'un procédé fort ingénieux, indiqué par un ancien, par Varron. On en a formé une galerie à Portici.

DES VASES PEINTS

DES VASES PEINTS

Les vases peints, dit M. Champollion Figeac, sont au nombre des monuments les plus curieux, les plus élégants et les plus instructifs qui nous soient parvenus de l'antiquité. La beauté des formes, la finesse de la matière, la perfection du vernis, la hardiesse des compositions, la variété des sujets et leur intérêt pour l'histoire donnent aux vases peints une importance peu commune parmi les productions de l'art des anciens.

De ces vases, les uns servirent aux usages domestiques, les autres aux cérémonies religieuses, quelques-uns enfin ne furent qu'un ornement pour l'intérieur des habitations, un meuble de luxe, ainsi que l'attestent suffisamment leur volume, leur poids et leur forme, et cette circonstance que plusieurs d'entre eux n'avaient point de fond et ne pouvaient rien contenir. Malgré l'intérêt que la science et l'histoire des arts avaient à la conservation de ces précieux monuments, il n'y a nul doute que bien peu d'entre eux nous fussent parvenus s'ils n'avaient été placés dans les tombeaux, et s'ils n'eussent participé ainsi à toutes les conditions de conservation qu'offraient ces retraites funèbres. On les y trouve, les uns accrochés aux murs, les autres placés près de la tête ou entre les jambes du mort, dans les pays où, tels que dans la Grande-Grèce, on ne brûlait point les morts. Le nombre et la richesse de ces vases répondaient au rang qu'avait occupé le personnage enseveli.

II

DES VASES PEINTS GRECS. — DES VASES PEINTS ETRUSQUES

On trouve dans ces vases deux enveloppes, l'une interne, l'autre externe. Celle-ci se faisait avec une espèce d'ocre rouge, que l'on pulvérisait, et qui, mêlée ensuite à un corps gommeux ou huileux, était appliquée, au moyen d'un pinceau, sur la face externe du vase, avant la cuisson. L'enveloppe interne était appliquée de même; mais on n'est pas d'accord sur la nature de la composition avec laquelle on la formait. Elle donnait à la surface interne du vase une belle couleur noire qui avait l'éclat de l'émail. Ce procédé fut le plus anciennement en usage.

Plus tard, l'application des couleurs se fit d'une manière différente, qui constitua un second genre de vases. On répandit le vernis noir sur tout le vase, et non plus seulement en dedans, en épargnant toutefois en dehors la place et la forme des figures, qui furent alors de la couleur de la pâte du vase : les contours intérieurs de la figure, les cheveux, les vêtements, furent dessinés par des lignes de cette même couleur noire sur les vases anciens; au contraire, la surface extérieure du vase, teinte en rouge avec l'ocre, recevait les figures tracées en noir, en forme de silhouettes. Ces vases appartiennent, en général, à une plus haute antiquité que les autres : on les désigne sous le nom de vases à *figures noires*, et les autres, sous celui de vases à *figures jaunes*.

Les vases anciens se distinguent ordinairement par la grâce de leur forme : celle-ci dérive le plus souvent de celle de l'œuf, ou celle d'une cloche renversée. D'autres affectent la forme d'une corne. On appelle *rythons* ces derniers ; *diota* ceux qui ont deux anses, et *patères* ceux qui ont la forme d'un disque. La peinture se trouve sur la panse du vase ; tantôt elle en couvre tout le pourtour, tantôt seulement le devant, tantôt le devant et le derrière, laissant les côtés libres. Dans ce dernier cas, il est d'habitude que la peinture postérieure n'ait qu'un sujet de fantaisie, et que la peinture antérieure seule ait un sujet réel et choisi. Les vases peints ont quelquefois deux étages de peintures : dans ce cas, ils sont dits vases à *deux registres*.

Ce qui frappe le plus dans ces peintures, c'est la hardiesse avec laquelle elles sont exécutées, et que l'on concevra facilement si l'on observe qu'elles ne pouvaient être exécutées qu'avec la plus grande célérité, parce que la terre absorbait très-vite les couleurs, et qu'il fallait que les lignes fussent tirées sans aucune interruption, toute reprise devenant sensible. L'artiste s'aidait, à la vérité, dans ce travail, en esquissant d'abord avec une pointe sur la terre molle les traits essentiels, qu'il arrêtait ensuite avec le roseau ou avec le pinceau garni de couleur noire.

Les vases peints portent fréquemment des inscriptions qui leur donnent beaucoup de prix, soit parce que, par la forme et la direction de leurs caractères, elles permettent de déterminer l'âge du monument, soit parce qu'elles indiquent le sujet de la peinture. Ces sujets sont fort divers ; néanmoins on peut les ranger sous trois catégories, qui les renferment tous : on les divise donc 1° en sujets mythologiques ; 2° en sujets héroïques ; 3° en sujets historiques. Ce qui est fort remarquable dans les deux premiers de ces genres de sujets, c'est qu'on y trouve une mythologie et une histoire héroïque à part de celles des poètes et des prosateurs grecs ; en voit dans ces peintures des personnages et des scènes entières entièrement inconnus à l'histoire écrite, ou qui sont représentés avec des circonstances que celle-ci n'a point mentionnées. Il est facile de s'imaginer combien l'étude de ces vases est importante pour la mythologie et l'histoire héroïque de l'antiquité.

Des vases peints étrusques. — Ces vases, avec lesquels on a longtemps et à tort confondu les vases grecs, sont fort rares en comparaison de ceux-ci. Ils sont faits d'une terre d'un jaune pâle ou rougeâtre; le vernis est en terre; le travail, grossier; l'ornementation, dépourvue de goût, et le style des figures rappelle tout à fait celui des statues étrusques. Les figures sont dessinées en noir sur la couleur naturelle de l'argile; quelquefois un peu de rouge est jeté sur le fond noir des vêtements. Ces caractères, joints à la couleur des sujets et à celle de l'écriture, serviront à distinguer facilement ces vases des vases peints d'origine grecque.

DES PIERRES GRAVÉES OU DE LA GLYPTOGRAPHIE

L'art de graver sur pierres fines se nomme *glyglique*, et la connaissance de celles de ces pierres gravées qui nous viennent de l'antiquité, *glyptographie*. Nous avons déjà vu que les anciens étaient grand amateurs de pierres fines;

ils étaient aussi fort habiles à les tailler. Ils savaient tout ce qu'il y a de flatteur pour le goût dans ce genre d'ouvrages, soit qu'il ornât les diadèmes, les boucles d'oreilles, les vêtements ou même les chaussures ; soit que, monté sur un anneau d'or, il servît à la fois de bague et de cachet.

On voit, par le témoignage des saintes Ecritures, que l'usage des pierres fines et l'art de les tailler étaient connus dès la plus haute antiquité : l'Exode énumère les diverses pierres gravées qui devaient faire partie du vêtement du grand-prêtre. On voit, en outre, et ce fait remonte encore à une plus haute antiquité, Pharaon donner à Joseph son anneau, orné d'une pierre gravée, en témoignage de l'autorité qu'il lui confiait. Enfin les collections de pierres gravées égyptiennes nous en montrent qui, dans leurs inscriptions, portent des noms de rois antérieurs à l'existence même de Joseph. Il est présumable que des colons égyptiens portèrent en Italie la connaissance de l'art de graver des pierres précieuses, attendu que les plus anciennes pierres gravées de l'Etrurie ont la même forme que celles de l'Egypte. Les Grecs apprirent cet art des Etrusques, et le cultivèrent avec le même succès qu'ils firent tous les autres arts. Quant aux Romains, élèves des Grecs en ce point comme en beaucoup d'autres, ils n'atteignirent jamais leur perfection.

L'une des principales sources de cette perfection, c'était l'usage qu'avaient adopté les artistes grecs de polir eux-mêmes les pierres qu'ils avaient gravées, au lieu de s'en rapporter, sur ce point, à la main moins délicate d'un ouvrier secondaire, ainsi qu'on le fait communément.

Aussi la beauté du poli est-elle un des caractères distinctifs des pierres gravées de l'ancienne Grèce.

On distingue les pierres gravées en *intailles* et en *camées* : celles-ci sont gravées en relief, et les autres en creux. On réunissait quelquefois les deux manières.

On appelle *abraxas basiliennes* une sorte de pierres où sont gravées ordinairement avec peu d'exactitude des divinités égyptiennes ou autres, combinées avec des symboles tirés des religions de l'Inde ou de la Perse, et accompagnées d'inscriptions en lettres latines, cophthes ou hébraïques, ou de signes cabalistiques mêlés ensemble. Le mot *d'abraxas* est formé de lettres grecques qui, prises numériquement, donnent ensemble le nombre 365 (A, 1 ; B, 2, 100 (1) ; A, 1 ; X (en grec), 00 ; A, 1 ; S, 200). On attribue ces pierres aux sectes des gnostiques ou des basilidiens.

Il y a une autre espèce de pierres gravées, qui est particulière à l'Egypte et à la Perse : on leur donne le nom de cylindres, à cause de leur forme cylindroïque ; elles sont faites en pierres très-dures ou même de matières artificielles, et longues d'un à trois pouces. Les sujets qui y sont gravés sont empruntés à la religion des Perses ou à celle des Egyptiens, ce qui rend ces monuments fort intéressants pour l'archéologie.

Déjà même dans l'antiquité il existait des collections considérables de pierres gravées ; on les recueillait dans les temples des principales divinités. Plus tard, ces précieux ornements furent adoptés aux vases et aux manuscrits des églises chrétiennes, et ce fut ce dernier usage qui en préserva un grand nombre de la destruction, lors des invasions des barbares aux IV⁰ et au V⁰ siècle de l'ère chrétienne. Le nombre des pierres gravées qui sont parvenues jusqu'à nos temps est fort considérable : les catalogues de celles qui sont connues le portent à près de vingt mille.

Mais, le goût de la glyptographie s'étant répandu, les pierres gravées antiques furent très-recherchées, et devinrent bientôt l'objet d'un commerce, dans lequel la fraude s'introduisit. On vendit pour antiques des pierres gravées qui n'en étaient que des imitations plus ou moins dissimulées.

Des artistes modernes se firent même un nom par l'art d'imiter les pierres antiques : tels furent Flaviano Sirleti, Natter et Pichler, au xviii⁰ siècle. Ces trois graveurs en étaient venus à un tel degré d'habileté qu'ils ne craignaient pas de signer leurs ouvrages, en prenant seulement la précaution d'écrire leur nom en lettres grecques. Rien n'est donc plus difficile que de discerner les pierres antiques d'avec les imitations ou les compositions modernes : les plus habiles connaisseurs s'y méprennent parfois. Cependant on trouve des indices pour se guider dans cette recherche critique, dans la nature même de la pierre, et dans celle du travail : ainsi une pierre gravée donnée pour antique, si elle provient d'un gisement inconnu aux anciens, est évidemment fausse : l'emploi de la perspective dans la gravure rend encore l'origine de la pierre fort suspecte ; l'aspect des pierres antiques est, en général, plus mat et moins brillant que celui des pierres modernes. Une gravure peu profonde, et même presque à plat, est encore un indice d'un travail antique ; il en est de même du méplat, c'est-à-dire de l'aplatissement des parties rudes du corps humain. Enfin quelques pierres réellement antiques ont été retouchées par des artistes modernes : un œil exercé reconnaît aisément ce travail. Quelques pierres portent des traces d'un autre genre de travail moderne : ce sont les noms des amateurs qui les ont possédées ; c'est ainsi que Laurent de Médicis avait fait graver ses initiales : Laur. Méd. sur les pierres antiques de sa collection ; et l'on raconte que le célèbre antiquaire Maffei, ignorant cette circonstance, se donna d'abord beaucoup de peine pour interpréter ces sept lettres.

L'art de graver les pierres précieuses subit, chez les peuples divers de l'antiquité, toutes les phases des autres arts plastiques, et principalement celles de la sculpture. Ce fut en Égypte et en Grèce qu'il fut cultivé avec plus de succès ;

l'Etrurie s'y distingua aussi, et Rome y fit de même que dans les autres arts, elle imita la Grèce.

DES MÉDAILLES OU DE LA NUMISMATIQUE, DE LA PALÉOGRAPHIE

Les *médailles* furent la monnaie des anciens. Les matières dont elles furent faites sont : l'*or*, l'*argent*, le *bronze* et le *potin*, mélange de cuivre, de plomb, d'étain et d'un cinquième d'argent. On connaît aussi des pièces de *plomb* et d'*étain*, mais elles sont fort rares ; enfin les Spartiates et les Bysantins se servirent de monnaies de fer et même de cuir, et les Carthaginois de monnaies de bois ; mais il ne nous est parvenu aucun spécimen de ces pièces.

Pour fabriquer une médaille, on prépare deux morceaux d'acier fortement trempés, que l'on appelle *carrés*, à cause de leur forme, et *coins* par rapport à leur destination : c'est sur ces morceaux que l'on grave en creux tout ce que l'on désire représenter en relief sur la médaille. Ces coins portent l'empreinte, l'un de la face, et l'autre du revers de la pièce, pour la fabrique de laquelle on les a préparés ; ils sont placés l'un au-dessus de l'autre sous le balancier ; on place entre les deux la pièce de métal qui doit devenir monnaie ou médaille, et qui s'appelle *flan* ou *flaon*, et l'on laisse tomber le balancier sur le tout. Le flan, d'un métal plus tendre que celui des coins, reçoit alors la double empreinte, et la reproduit en relief comme une cire molle qui, pressée entre les parois d'un moule, est forcée d'en suivre les contours et d'en remplir tous les vides. Tel est le procédé dont on se sert pour frapper la monnaie. Ce procédé qui, depuis qu'il a été découvert, a reçu, comme tous les arts, de nombreuses et importantes améliorations, ce procédé, disons-nous, fut connu dès la plus haute antiquité.

La médaille, sortie d'entre les coins, présente deux côtés : une *face* et un *revers* : le premier côté tire son nom de ce qu'il représente ordinairement l'image (ou quelquefois seulement le nom) de celui au nom duquel la pièce a été frappée. — Il y a d'ailleurs plusieurs autres parties de la médaille qui ont chacune leur nom particulier : — 1° Le *champ* de la médaille consiste dans la surface plane et polie qui, sur la *face* et sur le *revers*, demeure libre et sans figure ni inscriptions ; — 2° Les *types* sont les sujets figurés sur la médaille ; — L'*exergue* est cette petite place qui, au bas d'une médaille, est séparée du reste du champ par une corde ou ligne tirée d'un des points de la circonférence à l'autre ; — 4° La *tranche* est formée par les bords extérieurs de l'épaisseur de la médaille ; — 5° La tranche est parfois découpée par de petits points : ceux-ci forment alors ce qu'on appelle le *grenetis*. — Il y a aussi des noms divers pour les diverses sortes d'inscriptions dont on charge les médailles : on appelle *inscription* les mots écrits en une ou plusieurs lignes à la place de la tête, ou dans le type du revers, ou dans le champ ; on appelle *légende de l'exergue* les mots ou les signes gravés dans l'exergue ; et *légende de la tranche* ou *du contour* (ces deux mots sont synonymes), les mots gravés sur cette partie.

On distingue les médailles selon leur grandeur : c'est ce qu'on appelle le *module*. Les plus grandes ont de vingt-sept à trente-trois millimètres de diamètre ; celles qui dépassent cette dimension reçoivent le nom de *médaillon*.

Certaines espèces de médailles portent des noms particuliers : c'est ainsi qu'on appelle : — *chouettes*, les médailles d'Athènes qui portent la figure de cet oiseau ; — *tortues*, celles du Péloponèse, pour une raison analogue ; — *sciées* ou *dentées*, celles dont la tranche est dentée ; — *scyphatées*, celles qui sont convexes d'un côté et concaves de l'autre ; *incuses*, celles dont le type est en relief d'un côté et en creux de l'autre, ce qui est un caractère de haute antiquité pour les médailles grecques; — *fourrées* ou *bractéates*, celles dont l'âme est en bronze ou en plomb, recouverte d'une légère feuille d'argent ou d'or : ces médailles sont l'œuvre des faux monnayeurs; — *saucées*, celles qui, frappées sur cuivre, ont été ensuite argentées; — *refrappées*, celles dont les contours des figures du type sont doubles, par suite de l'inhabileté de l'ouvrier, qui, obligé de frapper la même pièce de plusieurs coups de balancier, a laissé glisser le flan, de manière que les coups successifs ne l'ont pas atteint à la même place; — *sur frappées*, celles qui ont reçu un nouveau type légal; — *restituées*, celles qu'un empereur romain a fait frapper à l'image d'un de ses prédécesseurs; — *encastrées*, celles qui sont formées de la tête d'une médaille et du revers d'une autre, sciées et soudées ensemble par un faussaire.

On appelle *médailles parlantes* celles dont le type se compose d'un objet dont le nom avait de l'analogie ou était même identique avec celui de la ville ou du personnage qui faisait frapper la médaille : c'est ainsi qu'une rose est gravée sur les médailles de Rhodes, dont le nom, en grec, signifie *rose*.

Enfin on appelle médaille *fruste* celle dont les types et les inscriptions sont plus ou moins effacés.

Il faut se garder, pour mieux étudier une médaille, de toucher à la *patine*, belle ou brillante couleur verte ou brune qui recouvre les bronzes et qui ajoute tant à leur prix. Quelques amateurs frottent ces médailles avec un morceau de drap imbibé d'huile, et ce procédé fort simple leur donne plus d'éclat.

Indépendamment des documents historiques que fournissent les médailles, ce qui les fait le plus rechercher, c'est la rareté : cette qualité seule suffit pour leur donner, surtout aux yeux des faiseurs de collections, un prix souvent hors de proportion, soit avec l'intérêt scientifique qui s'y rattache, soit avec la valeur du métal, soit avec la perfection des types. Celle-ci n'est même qu'un des éléments secondaires de la valeur des médailles, et c'est leur plus ou moins de rareté qui en détermine presque seul le prix. Le degré d'antiquité d'une médaille est aussi un des éléments qui contribuent le plus à les faire rechercher. Les plus vieilles médailles, qui sont aussi les plus imparfaites, ne sont pas toujours rondes : il y en a de carrées ou de forme irrégulière, et elles ne sont, le plus souvent, frappées que d'un seul côté.

Ce goût pour les médailles, comme celui pour les pierres gravées, a donné lieu à la fraude : les médailles fausses se multiplièrent, et, dès l'origine, l'art de les frapper fit de tels progrès qu'il devint excessivement difficile de distinguer ces pièces des médailles authentiques. Des artistes aussi habiles que savants se firent un nom par le talent avec lequel ils composèrent de ces pièces fausses et surent leur donner un aspect antique, qui déjoue souvent la sagacité des amateurs les plus exercés. Le plus connu de ces faussaires célèbres est Jean-Joseph Cauvin, de Padoue, que l'on désigne d'ordinaire sous le nom de Padouan. Le cabinet du roi, à Paris, possède une belle suite de coins gravés par cet artiste. Cependant, quelque habile qu'il fût, un examen rigoureux permet de distinguer ses pièces des médailles authentiques. D'abord, elles sont presque parfaitement rondes, et une médaille antique ne l'est presque jamais. Les lettres en sont grêles, bien alignées, de forme moderne, et les flancs n'en sont ni usés ni rognés, ainsi que cela a presque toujours lieu pour les médailles véritables ; en outre, la patine manque sur ses bronzes, ou plutôt y est noire, grasse, luisante, et s'enlève facilement. Enfin ces médailles fausses sont beaucoup plus légères que les autres, parce que le métal en a été employé chaud, et n'est, par conséquent, pas aussi condensé que celui des médailles qui ont été frappés à froid.

Les médailles antiques véritables, et même les médailles fausses, ont servi à une autre espèce de fraude : on les a moulées, et on a fait ensuite, au moyen de la fonte, des médailles fausses, qu'il était presque impossible de distinguer des authentiques. Mais ici encore un examen attentif permettait de les reconnaître, de même que l'on discerne un cristal ou un objet en métal fondu de celui qui a été taillé.

Chez les peuples modernes, les types des monnaies sont fixes et changent tout au plus à chaque règne; il n'en était pas de même chez les anciens : ce type changeait alors fréquemment, plusieurs fois même par année, et les types nouveaux étaient presque toujours inspirés par l'événement contemporain le plus important : une victoire, une fondation de ville ou d'édifice, un avènement d'un nouveau souverain, etc., etc. De là cette quantité prodigieuse de types que présentent les monnaies anciennes, et qui élève à soixante et dix mille le nombre de ceux qui sont connus jusqu'à ce jour ; de là aussi la différence fondamentale entre les monnaies anciennes et les monnaies modernes, différence qui a fait donner à celles-là le nom de *médailles*.

On n'a point trouvé de médailles égyptiennes du temps des Pharaons, mais on en a de fort belles du règne de Darius. Ariandis, que ce prince avait chargé du gouvernement de l'Egypte, fit frapper des monnaies d'argent qu'on appela, de son nom, *aryandiques*. Il paya de sa vie cette innovation ; que Darius traita de rébellion. On possède quelques-unes de ces pièces. Il existe encore un grand nombre de médailles des Ptolémée, dont la plus ancienne date de la 19e année après la mort d'Alexandre.

De toutes les branches de la numismatique,

celle qui concerne les médailles grecques est la plus étendue et la plus variée : on le concevra facilement si l'on se rappelle que la Grèce fut constamment divisée en un grand nombre de petites souverainetés, qui avaient chacune leur monnaie. Les plus anciennes médailles grecques sont celles qui sont antérieures à Alexandre-le-Grand : elles se reconnaissent à la simplicité des types, à l'incorrection du dessin, à l'absence de toute légende, et du type au revers, enfin à l'antique forme des lettres grecques, quand elles en portent ; elles sont rondes, épaisses, souvent globuleuses. Parfois un grenetis en entoure le champ. Les pièces en or sont plus communes que les pièces en bronze, à mesure que l'on remonte à un plus haut degré d'antiquité. Après Alexandre le Grand, le perfectionnement qui s'était introduit avec tant d'ééclat dans les autres arts se communique à l'art de frapper les monnaies : le dessin en devient plus correct, et les inscriptions y sont plus fréquentes et plus étendues. « Les médailles grecques fournissent de nombreuses indications historiques. C'est ainsi que, lorsqu'on n'y trouve l'indication d'aucun pouvoir supérieur à celui de la ville qui les faisait frapper, elles attestent par là l'indépendance politique de cette ville : ces médailles sont dites alors *autonomes*. On appelle *autonomie officieuse* la situation d'une ville grecque qui, soumise à un pouvoir étranger, conservait cependant le droit de frapper des monnaies en son nom, sauf à y mentionner aussi celui du roi ou du conquérant. On trouve aussi sur les monnaies l'indication des titres que les villes ou les peuples se donnaient en signe de leurs droits ou de leurs suprématies.

la qualification des magistrats, et une foule d'allusions aux rites, aux usages, à l'histoire et aux origines de chaque ville ou de chaque peuples ; elles indiquent les fondations des temples, des fêtes ou des spectacles, le droit d'asile, la situation des villes, leurs titres honorifiques, leurs alliances, les noms ou la représentation des dieux ou des héros dont elles prétendaient tirer leur origine, etc.

La numismatique étrusque est fort bornée. Les plus anciens monuments que nous en possédions sont les *as*, ou livres de douze onces, en bronze, de forme quadrangulaire allongée, et portant pour type la forme d'un bœuf. Ces pièces sont fondues et sans revers. Plus tard on leur donna la forme ovale, et, en dernier lieu, la forme ronde. Chaque ville étrusque eut sa monnaie et adopta un type particulier : celle-ci une roue ; celle-là, un sanglier ; une troisième, un aigle ; une quatrième, une tête de cheval, etc... Quelques-unes de ces médailles portent des légendes, écrites ordinairement de droite à gauche, et indiquant le nom de la ville qui les a fait frapper.

On divise les médailles romaines en trois grandes classes : 1° les *as*, ou première monnaie de la république, tous en bronze, et remarquables tant par leur ancienneté que par la variété des types : 2° les *médailles* des familles romaines consulaires du temps de la république, en or, en argent et en bronze ; 3° les *médailles impériales*, ou des empereurs, des impératrices, des Césars et de ces souverains plus ou moins éphémères que les révoltes ou le caprice des légions créait dans les provinces, depuis le grand Pompée jusqu'au dernier des Paléologue, chassé de Constantinople par les Turcs. Ce vaste intervalle de dix-huit siècles, qui embrasse la dernière partie de l'antiquité et qui traverse tout le moyen-âge, a fourni une quantité prodigieuse de types et de médailles : aussi celles de ce genre sont-elles les plus communes et les plus abondantes dans les collections.

Les *as* sont de plusieurs sortes : le *decussis*, qui a quatre pouces de diamètre; le *quadrussis*, carré long, de six pouces de long sur trois de large; le *tripondius*, de deux pouces cinq lignes de diamètre ; le *dupondius*, d'un pouce trois lignes ; enfin l'*as* proprement dit, en bronze et de grand module.

Les *médailles des familles* sont fort nombreuses et variées, et tous les grands noms de l'histoire de la république y sont rappelés. Il y a quelques familles, en très-petit nombre, dont on a des médailles des trois métaux ; quelques autres, de deux ; la plupart n'en ont qu'un seul. Dans ce genre se range la série connue sous le nom de *légions* d'Antoine, série de médailles portant d'un côté une galère avec la légende ANT. AUG. T. R. P. C., etc.

Les *médailles impériales* sont les plus nombreuses ; il y en a une grande variété de types, de chacun desquels il existe une quantité plus ou moins considérable d'exemplaires : il y en a dont il en reste plusieurs ; d'autres, dont on n'en connaît qu'un petit nombre, voire même qu'un seul : celles-ci sont appelées uniques. On conçoit qu'elles sont d'autant plus précieuses et plus recherchées que les exemplaires en sont plus rares.

Le sénat faisait frapper la monnaie de bronze, et les empereurs celle d'or et d'argent : on ne devra donc point chercher de médailles de bronze latines des empereurs qui n'ont point été reconnus du sénat. Le titre des médailles impériales va s'abaissant et s'altérant à mesure qu'on avance vers la chute de l'empire : cette altération commença sous Septime-Sévère; sous ses successeurs, depuis Gallien jusqu'à Quiétus, la monnaie n'est plus que de billon; de Claude II à Dioclétien, elle n'est plus que de bronze étamé, et l'argent pur ne reparaît qu'à partir du règne de Dioclétien; il fut dès-lors employé jusqu'à la fin de l'empire d'Occident, excepté sous Romulus Augustule, qui employa encore le bronze saussé.

On possède quelques rares médailles de la Gaule, antérieures à la conquête romaine ; on les reconnaît non-seulement à leur type, mais encore à l'extrême imperfection avec laquelle celui-ci est dessiné. C'est une tête dont les traits grossiers manquent de toute proportion, et, au revers, un cheval libre au galop, ou quelque autre quadrupède également mal dessiné. Une étoile et quelques lettres sont dans le champ. On trouve encore sur le revers la figure du pentagone, que les druides considéraient comme le symbole de l'immortalité de l'âme. Les flans de ces médailles sont fort irréguliers : ils sont ronds, carrés, triangulaires, et affectent toutes les formes les plus irrégulières, témoin la médaille en bronze de Nîmes, en l'honneur d'Auguste et d'Agrippa, qui a été allongée de manière à avoir la figure de la cuisse d'un quadrupède.

DE LA PALÉOGRAPHIE

La paléographie est la science des écritures anciennes : elle se divise, au point de vue du temps, en deux grandes parties, dont la première s'occupe des monuments de l'écriture dans l'antiquité proprement dite, et la seconde, de ces mêmes monuments au moyen âge. La première seule de ces deux parties entre dans le plan de cet ouvrage ; elle embrasse deux objets principaux : les *écritures des livres ou les manuscrits*, et les *inscriptions monumentales*.

DES MANUSCRITS

I

« Les peaux des quadrupèdes différemment préparées, celles des poissons, les intestins de quelques animaux, le linge, la soie, les feuilles, le bois, l'écorce, la bourre des plantes et leur moelle, les os, l'ivoire, les pierres communes et précieuses, les métaux, le verre, la cire, la craie, le plâtre, etc., ont fourni, disent les Bénédictins, la matière sur laquelle on écrivait autrefois, ou sur laquelle on écrit encore. »

Ce fut au temps d'Alexandre-le-Grand que l'usage du papyrus se répandit en Occident ; mais cet usage remontait à une bien plus haute antiquité dans l'Egypte. On a découvert dans cette contrée des papyrus enfermés dans des jarres d'argile hermétiquement scellées, et déposés dans des tombeaux : ces papyrus, dont quelques-uns remontent à des temps antérieurs à Moïse, sont fort bien conservés, grâce à la salubrité des lieux où ils ont été déposés, et sans doute aussi à la bonne préparation de cette espèce de papier, dont aucun de nos papiers modernes n'égalera jamais la solidité ni la durée. On connaissait dans l'antiquité, plusieurs sortes de papyrus : le plus fin et le plus beau était le papyrus royal (*papyrus augustus*), sous les Romains ; venaient ensuite le papyrus hiératique, servant aux écritures et aux livres qui intéressaient la religion et que l'on appela plus tard *Livius* en l'honneur de *Livie*, femme d'Auguste. Le papyrus se faisait avec une plante fort commune dans l'antiquité, mais très-rare aujourd'hui, parce qu'on ne la cultive plus ; elle croît dans les lacs et les marais, et s'élève à une auteur de trois mètres environs. Sa tige porte au sommet une chevelure qui n'est d'aucun usage. C'est avec la tige que se faisait le papyrus. Voici comment on procédait : on enlevait les deux extrémités de la tige, on coupait le reste en deux parties égales dans le sens de la longueur, et on séparait successivement avec une pointe, les tuniques, au nombre de vingt environ, qui formaient cette tige, dont le diamètre est de deux ou trois pouces. La blancheur des tuniques croissait à mesure qu'on approchait du centre. On les étendait séparément : chacune d'elle formait une feuille ; après diverses préparations on collait deux de ces feuilles l'une sur l'autre, en ayant soin que leurs fibres se croisassent ; en soumettant ces feuilles à l'action d'une presse, et en l'enduisant d'huile de cèdre, que l'on considérait comme très-propre à le préserver de la corruption ; on faisait un papier excellent, bien supérieur, sous tous les rapports, à celui qu'on lui a substitué. Saint Jérôme dit que, de son temps, on ne se servait guère que de papyrus : aussi avait-on grevé cette matière d'impôts fort pesants, au point que Cassiodore félicita, par une épître bien connue, le genre humain tout entier sur la diminution opérée par Théodoric dans le tarif de l'impôt établi sur une production utile.

On dit que l'un des Ptolémée, jaloux d'Eumènes, roi de Pergame, qui cherchait à l'égaler dans la magnificence de ses bibliothèques, arrêta l'exportation des papyrus dans ses Etats; mais Eumènes découvrit ou plutôt perfectionna la manière d'apprêter le parchemin. Cette manière, qui dans l'antiquité, ne fut jamais d'un usage aussi général que le papyrus, recevait diverses nuances, selon la manière dont on le préparait.

On n'écrivait ordinairement que sur un côté du papier ou du parchemin; quand un feuillet ne suffisait pas, on en attachait un second ou plusieurs autres les uns au bout des autres, jusqu'à la fin de l'ouvrage : on les roulait ensuite autour d'un cylindre ou d'un bâton. De là le nom de *volume* (qui signifie en latin *rouleau*) que l'on donnait aux livres. Les papiers et les parchemins sur les deux côtés desquels on avait écrit s'appellent *opistographes*.

Les matières d'une importance éphémère s'inscrivaient sur des tablettes de forme oblongue, et faites de parchemin, ou plus souvent de bois recouvert d'une couche de cire, sur laquelle on écrivait avec un poinçon; quand on voulait effacer ce qu'on avait écrit, on retournait le poinçon, et on en passait le gros bout sur les caractères. Le poinçon servait, du reste, à un autre usage moins pacifique : c'était une arme dont on faisait usage au besoin, et que l'on avait toujours sur soi.

Quand on écrivait sur le papyrus ou sur le parchemin, on se servait de roseaux d'une certaine espèce en guise de plume. David compare sa langue au roseau d'un écrivain qui écrit rapidement. C'était l'Egypte qui fournissait cette espèce de roseaux. Ce ne fut guère que vers le cinquième siècle qu'on commença à se servir de plumes. On l'employa d'abord uniquement sur les lettres majuscules, et ce ne fut qu'au huitième siècle qu'elle fut entièrement substituée au roseau. Quant à l'encre dont on se servait, tantôt c'était de la couleur à l'eau, tantôt cette liqueur noire que la sèche (espèce de poisson) projette autour d'elle lorsqu'elle craint d'être prise. Il ne paraît point que l'encre des anciens contînt des acides, puisqu'on pouvait effacer avec une éponge les caractères qu'elle avait tracés.

Les anciens étaient parvenus, malgré l'imperfection de leurs moyens graphiques, à écrire très-rapidement, ainsi que l'atteste la grande multiplicité des livres dans l'antiquité. Ils avaient d'ailleurs imaginé des procédés sténographiques au moyen desquels l'écriture pouvait suivre la parole. L'écriture de ce genre est désignée sous le nom de *notes tyronniennes*, parce que Tullius Tiro, affranchi de Cicéron, passa pour avoir fait de nombreuses additions aux onze cents premières notes qu'avait inventées Ennius, et surtout pour avoir indiqué le premier la méthode la plus convenable d'employer ces signes abréviatifs à recueillir les discours que l'on prononçait en public. Des additions successives avaient porté le nombre de ces notes à cinq mille, lorsque, au commencement du troisième siècle, saint Cyprien, évêque de Carthage, étendit encore ce recueil, en y ajoutant les signes qui convenaient à l'usage particulier des chrétiens.

C'est en notes tyronniennes que fut recueillie la réponse de Caton à Jules César, dans la discussion qui eut lieu dans le sénat romain au sujet de la conspiration de Catilina. Il y a tout lieu de croire que plusieurs entretiens de Socrate avec ses disciples furent recueillis par Xénophon au moyen de procédés analogues. Saint Augustin nous fait connaître lui-même que ses auditeurs écrivaient ainsi ce qu'il disait en chaire.

DES INSCRIPTIONS

II

Toutes les matières solides connues des anciens, et surtout le bronze, furent employées pour *écrire* ou *graver* des inscriptions.

On distingue trois sortes d'inscriptions : 1° celles qui sont *écrites*, c'est-à-dire simplement tracées au pinceau sur des matières dures ; 2° celles qui sont *gravées*, dont les lettres sont tracées en creux sur la pierre ou sur le métal : presque toutes les inscriptions anciennes, à l'exception de celles de l'Egypte, sont faites d'après ce procédé : 3° celles qui sont *ajustées*, ou composées de lettres en bronze, travaillées isolément, et attachées ensuite par des crampons au moment qu'elles décoraient. La plupart de celles-ci ont disparu, soit par l'effet du temps, soit plus souvent encore par l'effet de la cupidité ; mais la place des crampons en tient lieu en quelque sorte ; et c'est par ce moyen que l'on est parvenu à restituer l'inscription de la Maison-Carrée de Nimes.

De toutes les inscriptions, les plus intéressantes sont incontestablement celles qui, en nous offrant le même contexte produit en deux

langues différentes, et dont l'une nous est connue, tandis que l'autre nous est plus ou moins inconnue, nous offrent, par ces termes de comparaison, le moyen de rétablir les alphabets jusqu'alors indéchiffrables, parfois même de comprendre le sens des mots. Telles sont :
1° l'inscription latine et étrusque trouvée à Eugubium ; 2° la célèbre inscription de Rosette, en Egyptien et en grec. On sait pour la lecture et l'interprétation des inscriptions égyptiennes, ce qui avait arrêté jusqu'à ce jour toutes les tentatives des archéologues, c'était la connaissance des divers alphabets que les Egyptiens avaient employés. Une fois ces alphabets connus, la lecture et l'interprétation des inscriptions n'offraient plus guère de difficultés insurmontables, parce que la langue égyptienne subsiste encore dans les livres imprimés ou

dans les manuscrits des Coptes, qui sont les descendants des anciens Égyptiens, et qui ont conservé cette langue jusqu'à l'avant-dernier siècle.

Le style des inscriptions, ce qu'on appelle le *style lapidaire*, doit être concis, énergique et précis. Il exige une véritable étude, tant pour s'en servir que pour l'interpréter, et le meilleur latiniste peut échouer sur l'inscription latine la plus courte s'il ne s'est pas donné à cette étude. Ce qui ajoute encore à la difficulté que présente la lecture des inscriptions, ce sont les abréviations qui y abondent, ainsi qu'une foule de particularités contraintes à la syntaxe ordinaire des langues. C'est ainsi qu'un sujet au singulier se trouvera uni à un verbe au pluriel; un cas sera mis pour un autre; un mot ou une phrase entière ne sera pas à sa place; des mots tiels à la clarté du discours seront supprimés; d'autres, au contraire, répèteront la même idée, etc.

DES INSCRIPTIONS ÉGYPTIENNES ET DES HIÉROGLYPHES

III

Aucun peuple, dit M. Champollion-Figeac, ne nous a laissé autant d'inscriptions que le peuple égyptien. Tous ses monuments en sont couverts, et ces monuments sont très-nombreux. L'Egypte est comme un musée de ruines en assez bon état, et quelquefois parfaitement entières. Ce sont les procédés de construction employés par les Egyptiens qui ont assuré cette durée à leurs monuments ; dans l'Egypte même, en effet, les ouvrages d'architecture qui sont d'origine grecque ou romaine se font remarquer par un état de destruction plus avancé que les ouvrages égyptiens, quoiqu'ils leur soient postérieurs de plusieurs siècles.

Ces monuments sont tous plus ou moins chargés d'inscriptions; et il n'est pas en Egypte une seule figure monumentale qui, à de très-rares exceptions près, ne portât à côté d'elle une inscription qui en fît connaître le nom ou le sujet. Mais, avant de nous occuper de ces inscriptions, il ne sera peut-être pas hors de propos de donner ici quelques détails sur les écritures égyptiennes.

Ces écritures, sont de trois sortes, sav l'*hiéroglyphique*, l'*hiératique* et la *démotique*.

L'*écriture hiéroglyphique* se compose de signes qui représentent des objets du monde physique, des animaux, des plantes, des figures de géométrie, ou des produits de l'industrie humaine. Le nombre de ces signes est d'environ huit cents. Les uns sont simplement FIGURATIFS, c'est-à-dire qu'ils expriment l'idée de l'objet même qu'ils représentent; les autres sont SYMBOLIQUES, en ce qu'ils représentent des objets qui ont des rapports plus ou moins directs, selon l'opinion des Egyptiens, avec l'idée qu'ils sont chargés d'exprimer : c'est ainsi que *des bras élevés* étaient le signe symbolique de l'idée de présenter une offrande; *un vase d'où l'eau s'écoule* signifiait une libation; *l'abeille* était le symbole du roi, etc.; d'autres, enfin, étaient

ALPHABÉTIQUES ; ils exprimaient les sons de la langue parlée, et avaient, dans l'écriture hiéroglyphique, les mêmes fonctions que les lettres de l'alphabet dans la nôtre. Ces trois sortes de signes, figuratifs, symboliques et alphabétiques, s'employaient à la fois dans le même texte, dans la même phrase et quelquefois jusque dans le même mot. Il n'en résultait néanmoins aucune confusion, parce que l'habitude de lire ces caractères en rendait l'usage facile, et que l'Egyptien qui lisait une phrase écrite en caractères symboliques et en partie de caractères figuratifs ou alphabétiques, la prononçait comme si elle avait été entièrement écrite en signes alphabétiques. Un exemple, que nous emprunterons, comme nous avons fait presque tout ce chapitre, à MM. Champollion frères, le fera mieux comprendre. S'il se fût agi d'écrire en caractères hiéroglyphyques cette phrase : *Dieu a créé les hommes*, on eût procédé ainsi : on eût rendu le mot Dieu par le caractère *symbolyque* de l'idée ; Dieu a créé, par les signes *alphabétiques*, par les lettres qui formaient le mot *créer* en égyptien, précédées ou suivies des signes grammaticaux qui eussent marqué que le verbe *créer* devait être mis à la troisième personne du prétérit indéfini ; les hommes, par le signe *figuratif homme*, suivi de trois points, signe du pluriel en égyptien. Quant aux caractères *alphabétiques*, qui entrent aux moins pour les deux tiers dans les inscriptions hiéroglyphiques, voici d'après quel principe on les avait établis : chaque caractère alphabétique représente un objet physique, dont il reproduit plus ou moins fidèlement l'image ; cette image prend alors la valeur d'une lettre de l'alphabet, et cette valeur est celle de l'objet représenté dans la langue parlée : c'est ainsi que l'image du lion était mise pour la lettre L, parce que, dans la langue parlée, le nom du lion, *Labo*, commençait par cette lettre. On voit qu'on pourrait employer cet alphabet pour toutes les langues du monde.

L'écriture hiératique se composait des mêmes signes que l'écriture hiéroglyphique; elle n'en différait qu'en ce que ces signes étaient l'abréviation et souvent la simple indication des signes hiéroglyphiques : l'une était à l'autre à peu près ce que l'écriture cursive est à l'écriture majuscule. L'écriture hiératique avait été imaginée en faveur de ceux qui ne savaient pas le dessin.

L'écriture démotique ou vulgaire n'était guère autre chose que l'écriture hiératique débarrassée

Peinture.

de la plupart des signes symboliques ou figuratifs : tous les signes en avaient la même valeur que dans les deux autres écritures, mais le nombre en était moindre.

Nous avons vu que presque tous les monuments égyptiens étaient chargés d'inscriptions : celles-ci consistaient toutes en caractères hiéroglyphiques. Ces inscriptions furent, pour l'antiquité presque toute entière ainsi que pour les peuples modernes, autant d'énigmes désespérantes devant lesquelles avaient échoué toutes les tentatives de la science, lorsque enfin ce problème redoutable céda aux efforts et au génie d'un jeune antiquaire. Les voiles d'Isis tombèrent devant lui, et la lumière pénétra enfin dans les mystères de l'antique Egypte.

Ce fut de la célèbre inscription de Rosette que jaillit cette lumière. On découvrit une pierre, de quelques pieds de hauteur, sur laquelle étaient gravées, à la suite l'une de l'autre, trois inscriptions : la première, tronquée par le haut, en caractères hiéroglyphiques ; la seconde, en caractères démotiques ; et la troisième, en grec. En outre, cette dernière faisait savoir qu'elle était la traduction des deux autres. On avait donc enfin l'interprète des hiéroglyphes, qui avait manqué jusqu'alors à la science : c'était un instrument, mais il fallait un ouvrier qui sût le manier, qui sût féconder cette heureuse découverte. Cet ouvrier, on l'attendit vingt ans. Ce fut l'œuvre glorieuse d'un Français, de M. Champollion le jeune. Par des procédés d'une admirable simplicité, il parvint, grâce à son heureux génie, à reconnaître et à compléter le mystérieux alphabet des hiéroglyphes : tel fut le fruit de vingt-cinq ans d'un labeur infatigable, fruit glorieux, immortel, et que le jeune et infortuné savant conquit au prix d'une existence abrégée par l'excès de ses travaux.

L'écriture hiéroglyphique est employée dans les monuments de toute espèce, sur les édifices, sur les statues et jusque sur les bandes qui enveloppent les momies. Cette écriture n'a point varié, pas plus que les autres institutions de l'Egypte, à travers toute la suite des siècles; elle est toujours demeurée la même au fond, de sorte qu'il serait impossible d'apprécier, comme on le fait pour les inscriptions des autres pays, la date de celles de l'Egypte par la forme des lettres, si certains détails d'exécution ne donnaient à cet égard quelques renseignements, fort vagues à la vérité. On sait que l'art égyptien atteignit toute sa perfection vers le dix-huitième siècle avant Jésus-Christ, et qu'il s'y maintint jusque vers le quinzième : il y eut donc une période de progrès pour cet art, une autre de perfection et une troisième de décadence. Les monuments de chacune de ces périodes portent des traces qui permettent à une critique éclairée de les ranger dans l'une ou dans l'autre. Ainsi en est-il des inscriptions : celles qui se distinguent par la finesse et la fermeté du trait appartiennent à la belle époque de l'art ; les autres, par leur imperfection, accusent, au contraire, une époque d'enfance ou de décadence.

DES INSCRIPTIONS GRECQUES

IV

Les Grecs, à l'imitation de tous les peuples de l'Orient, écrivirent d'abord de droite à gauche ; plus tard, au lieu de reprendre dans le même sens la ligne suivante, ils l'écrivirent de gauche à droite ; la troisième ligne et toutes

.es lignes impaires, reprenaient ensuite la première direction, tandis que les lignes paires suivaient l'autre direction; imitant ainsi le sillon continu tracé par des bœufs avec la charrue : ce qui fit appeler *boustrophédon* cette manière d'écrire. C'est ainsi que sont disposées les plus anciennes inscriptions grecques ; il n'en existe plus de la première manière, d'après laquelle les lignes étaient tracées de droite à gauche. L'usage des lignes en boustrophédon fut abandonné vers le huitième siècle avant Jésus-Christ, et l'on adopta généralement la direction des lignes de gauche à droite.

De ce qui précède on peut tirer les conclusions suivantes, relativement aux caractères qui déterminent l'âge des inscriptions grecques : 1° si l'on en trouvait un dont les caractères, ayant d'ailleurs les formes de l'alphabet primitif, allassent de droite à gauche, il faudrait le ranger dans la première époque; 2° toute inscription qui, tout en ayant les caractères du temps, sera écrite en boustrophédon, devra être considérée comme antérieure au septième siècle; 3° toute inscription qui portera l'une ou l'autre des quatre lettres doubles de l'alphabet grec devra être regardée comme postérieure au cinquième siècle, temps où ces lettres furent inventées.

D'autres caractères aident d'ailleurs encore à classer les inscriptions grecques : telles sont la forme des lettres et la manière dont elles sont sculptées, l'art de graver des inscriptions dut, en effet, subir toutes les vicissitudes de la sculpture.

DES INSCRIPTIONS ÉTRUSQUES

V

Les inscriptions étrusques sont toujours écrites de droite à gauche : elles sont, du reste, fort difficiles à lire, non pas tant à cause des abréviations qui y abondent que parce que la langue étrusque est à peu près entièrement perdue, et que ce n'est que par ses anologies avec la langue latine, et au moyen de rapprochements plus ou moins justes avec les mots de cette langue que l'on peut reconstituer le sens de ces monuments. Pour faire mieux comprendre l'extrême difficulté de cette interprétation, nous donnerons ici un exemple choisi entre ceux où l'on a eu à suppléer le moins de lettres et de mots : ce sont les lignes vingt-huit et vingt-neuf de célèbres *tables eugubines* (découvertes à Goubio, l'antique Eugubium en 1444), dont un Français, Bourguet, tira le premier alphabet étrusque, et que l'illustre antiquaire Lanzi a interprétées. Le texte de ces tables concernait des cérémonies religieuses : ce sont, selon toute apparence, des fragments de ce que les anciens nommaient *Livres pontificaux et Rituels*. Les cérémonies prescrites par ces œuvres étaient exécutées par des prêtres qui prenaient le nom de *frères Athériens* ou d'*Athériates*, et qui faisaient partie d'une tribu nommée *Ikuvina*, qui fut l'alliée fidèle de Rome.

IVICA : MERSUVA : UVIIKUM : GABETU
Jecora (en grec méria) femora ovium . habeto (à)
PHRATRUSTE ATHERIE (1)
fratribus Atheriatibus.

(1) Ayez des foies et des cuisses de brebis (reçus) des frères athéri tes.

DES INSCRIPTIONS ROMAINES

VI

La plus ancienne des inscriptions romaines que l'on connaisse, c'est le chant des *frères Arvales*, découvert dans les fondations de la sacristie de Saint-Pierre de Rome, en 1778, chant en usage dans ce collége de prêtres qui remontait jusqu'à Romulus. Après cet antique monument viennent la colonne que les Romains firent ériger en l'honneur de Duillius, le premier Romain qui remporta une victoire navale, en 260 av. J.-C. ; l'inscription du tombeau de Scipio Barbatus, dont il a déjà été fait mention plus haut, et qui fut découverte parmi les monuments funèbres des Scipions, en 1780. Ces monuments firent connaître, par les diverses autres inscriptions qu'on y trouva, l'état de l'alphabet et de l'ortographe du latin depuis le quatrième jusqu'au sixième siècle de Rome. A partir de la domination impériale, les inscriptions se multiplient, et il n'est guère de ville jadis romaine qui n'en ait conservé plusieurs. Ces inscriptions sont toutes faciles à lire et à comprendre, où plutôt elles ne présentent qu'une seule sorte de difficultés, c'est celle qui résulte des abréviations, non qu'il y ait rien d'arbitraire, mais parce qu'elles exigent une étude spéciale. On en trouve d'ailleurs des listes p1us ou moins complètes dans les ouvrages qui traitent de cette matière, et notamment dans l'excellent Résumé de M. Champollion-Figeac, que nous avons mis si souvent à contribution dans ces pages, et dont nous ne saurions trop recommander la lecture aux jeunes gens qui voudraient approfondir quelque peu la science des antiquités

DES INSCRIPTIONS CHRÉTIENNES

VII

Bien que persécutés pendant longtemps, et réduits à se cacher pour célébrer leurs saints mystères, les premiers chrétiens n'en ont pas moins laissé des traces de leur existence dans les inscriptions qu'ils plaçaient sur des autels, sur des vases, sur des tombeaux. Ces inscriptions, qui ont un intérêt tout particulier pour nous, méritent d'ailleurs de fixer l'attention par leur importance historique.

L'idée d'une autre vie y domine ordinairement : quant aux symboles qu'on y trouve le plus communément, ce sont tous ceux qui avaient un rapport avec quelqu'un des événements racontés dans l'Ancien ou dans le Nouveau Testament : tels que la Croix, les instruments de la Passion, le bon Pasteur, le monogramme de Jésus-Christ, le cœur, la couronne, la barque, les poissons, les moineaux, l'alpha et l'oméga, etc. On y trouve encore des personnages du paganisme, employés allégoriquement : tel Orphée attirant les rochers et les animaux au son de sa lyre, était le symbole secret de Jésus-Christ ramenant toutes s nations à la foi.

Quant au texte des inscriptions chrétiennes des premiers temps, nous n'en dirons qu'une chose : c'est qu'on y trouve une admirable preuve de l'unité et de la constance inaltérable des idées de l'Église, à travers toutes les phases qu'elle a eues à parcourir, depuis les jours de la persécution jusqu'à ceux de son triomphe et jusqu'à nos temps. Ces inscriptions sont absolument les mêmes que les nôtres ; ce sont les mêmes formules employées dans les mêmes circonstances, à douze, quinze et dix-huit siècles de distance.

Les chrétiens employèrent aussi, à l'instar des païens, un système d'abréviations pour leurs inscriptions ; mais les unes et les autres sont trop connues pour qu'il soit nécessaire d'insister sur ce sujet.

JEAN CIMABUÉ

— 1240 —

La culture de la peinture ne fut jamais complètement abandonnée en Italie, mais l'art était resté à l'état barbare et tel que les Grecs l'avaient importé dans ce pays, et, si Cimabué ne fut pas le premier qui cultiva la peinture en

Italie, il eut la gloire de lui donner la première impulsion. Imitateur des Grecs, mais plus intelligent et plus habile que ses devanciers, il franchit les limites de l'école bysantine. Cet artiste, suivant Lanzi, fut le premier qui prit la nature pour modèle ; il corrigea en partie la raideur du dessin, il anima les têtes, admit des plis dans les draperies, et groupa les figures avec infiniment plus de goût que les Grecs.

Issu d'une famille pleine de noblesse, son père l'avait destiné aux belles lettres. Mais Cimabué, plus porté pour le dessin que pour l'étude des lettres, s'amusait à dessiner sur tous ses livres. A cette époque, des peintres grecs qui avaient été appelés à Florence, ornaient l'église de Sainte-Marie-Nouvelle. Ce fut un coup de fortune pour Cimabué. Toujours entraîné par son penchant naturel et irrésistible, il lui arrivait souvent de s'échapper de l'école et d'aller passer sa journée à côté des peintres à les regarder travailler. Le père finit par céder aux instances réitérées de Cimabué et le confia aux peintres dont les travaux faisaient son admiration.

Sévère comme le siècle où il vécut (1240-1300), Cimabué réussit admirablement dans les têtes à grand caractère, surtout dans celles des vieillards : ingénieux et vaste dans ses conceptions, il donna l'exemple de grandes compositions ; mais son talent n'était pas propre aux sujets gracieux : ses madones n'ont pas de beauté ; elles se ressentent trop des leçons de ses premiers maîtres.

On voit dans l'église de Sainte-Marie-Nouvelle sa *Madone* devenue si célèbre par l'honneur insigne qu'elle lui valut et la fête publique à laquelle elle donna lieu.

Le jour où le tableau devait sortir de l'atelier pour être transporté à Sainte-Marie-Nouvelle, Cimabué trouve une foule considérable réunie devant son atelier. Les principaux magistrats de la ville chargèrent le tableau sur 'eurs épaules et se mirent en marche précédés par des trompettes sonnant des airs de victoire. Ils étaient suivis par la foule du peuple qui chantait en chœur des couplets à la gloire de l'artiste. Ce ne fût pas le seul triomphe de Cimabué ; comme Charles Ier d'Auzon passait à Florence, les magistrats s'empressèrent de le conduire dans son atelier où se trouvait encore la fameuse Madone. Le jeune Monarque fut si enthousiasmé qu'il s'écria :

« Voilà ce qui m'a fait le plus de plaisir depuis que je suis roi. »

Enfin Cimabué n'eut pas seulement le mérite de faire revivre la peinture en Italie, il sut deviner le talent de Giotto, devenu artiste et alors berger.

GIOTTO

— 1276 —

Giotto, né en 1276, près de Florence, est le véritable régénérateur de la peinture en Italie. Il fut un de ces hommes enfants-gâtés que de temps en temps la nature se plaît à combler de ses faveurs ; elle le fit sculpteur, architecte, et surtout peintre. Cette trinité de talents, et la subtile pénétration de Cimabué, qui fut aussi son maître, devaient bientôt l'arracher du cercle étroit qu'il semblait destiné à parcourir, et de l'humble profession qu'il devait exercer : il gardait, en effet, les troupeaux de Bondoni, son père.

Un jour, le peintre Cimabué, venant à passer au moment où le jeune berger dessinait sur une roche quelques-uns des animaux confiés à sa garde, est saisi d'étonnement à la vue de ces lignes tracées avec nature et vérité; aussi conçoit-il, dès ce moment, le projet d'en faire un peintre, et lui propose-t-il de l'emmener à Florence : Giotto accepte avec joie, s'empresse d'arriver dans cette ville, et profite si bien des leçons et des conseils du peintre florentin, qu'il ne tarda pas à dépasser ce maître, dont la manière était, comme on sait, rude, sèche, et dépourvue de ces formes gracieuses dont Giotto devait donner l'exemple, et que, plus tard, Raphaël devait rendre immortelles en les rendant sublimes. Aussi, n'est-ce pas pour Giotto un mince titre de gloire que d'avoir renversé les vieilles choses, et remplacé par des compositions plus nobles et plus larges les compositions tirées au cordeau de ses prédécesseurs ; aussi Giotto, justement loué par Dante, par Pétrarque, par tous ses contemporains, ouvre-t-il l'ère magnifique de la renaissance.

Giotto s'est surtout attaché à prendre la nature pour modèle et pour guide, et c'est ainsi que, la faisant poser devant lui, il lui a été donné de découvrir cette route dont la trace était perdue depuis tant de siècles.

La résurrection du portrait devait être la

conséquence d'un pareil système, et vraiment Giotto en a fait plusieurs qui mériteraient d'être cités ; et, c'est à lui que nous devons la transmission des traits sévères et amaigris de son ami Dante, l'illustre gibelin.

Ses premiers ouvrages sont des fresques pour le chœur de Sainte-Croix de Florence, et un tableau pour le maître-autel de cette église. Le musée du Louvre possède le tableau qu'il fit pour les Franciscains de Pise, dont le sujet est la vision où le fondateur de cet ordre reçoit les stigmates ; c'est un chef-d'œuvre que les Pisans admirèrent tant, qu'ils voulurent multiplier chez eux les ouvrages de cet artiste. C'est ainsi que, conjointement avec Orcagno et plusieurs autres, il contribua à orner le Campo-Santo. Mais l'œuvre la plus prodigieuse de Giotto, qui durera autant que l'édifice qui la renferme, celle aussi que l'on doit le plus admirer, c'est la célèbre mosaïque appelée *la barque de saint Pierre (la Navicella)*, qui se trouve sous le portique vis-à-vis la porte principale de Saint-Pierre, à Rome.

Ce n'est pas seulement l'assortiment des couleurs, l'harmonie dans les clairs et les ombres qui font remarquer cet ouvrage de Giotto, mais le mouvement, le sentiment de vie et d'action qui étaient inconnus des Grecs.

Giotto fut moins connu comme sculpteur. Il fut nommé, en 1334, architecte de Florence, où il mourut en 1336, après avoir dirigé en cette qualité les fortifications de la ville, et fait construire à Sainte-Marie une tour de 252 pieds de haut, que Charles-Quint aurait voulu mettre dans un étui tant il la trouvait belle.

Des ouvrages aussi durables suffisent pour

faire traverser au nom de Giotto bien des siècles ; en outre, l'immortel Dante, dont il était l'ami, dans les quelques vers de la *Divine Comédie*, et Pétrarque, léguant dans son testament une madone de Giotto à un ami, comme la chose la plus précieuse qu'il puisse lui offrir, ne l'ont-ils pas à jamais rendu célèbre? Un pareil éloge de la part de ces grands poètes est un titre incontestable.

Les élèves les plus célèbres de Giotto furent Taddeo Gaddi, Giottino, Simone, Memmi de Sienne, Gior de Melano, Angelo Gaddi, Antonio Veneziano, Spinello Spinelli

JEAN DE FIESOLE dit FRA BEATO ANGELICO

— 1387 —

Le lieu de naissance de Beato Angelico n'est nullement connu ; on n'a pas davantage de détails sur les premières années de sa vie ; Jean de Fiesole ne se fit connaître qu'après son entrée au couvent de Saint-Marc où il reçut le nom de

Fra *Beato Angelico* à cause de ses manières douces et pures. Ses œuvres portèrent le reflet de la candeur et de la pureté de ses mœurs. Sous sa main, chaque objet recevait l'empreinte de son caractère sous son pinceau, les figures étaient des âmes. Il ne faisait point une spéculation de son travail ; l'amour de l'art était seul son mobile ; ses ouvrages sont pleins d'un sentiment religieux qui parle à l'âme, ils sont empreints d'une suavité d'expression qui captive. En véritable artiste, il sut prendre ses modèles pour les têtes ravissantes que l'on voit sur ses tableaux parmi les femmes les plus remarquables par leur beauté ; aussi l'élégance et la grâce s'y trouvent-elles unies à la grandeur.

On trouve dans le couvent de Saint-Marc une fresque de *Beato Angelico*, saint Pierre martyr ; *saint Dominique en méditation au pied de la croix ; le Christ accueilli comme pèlerin dans le couvent, un Christ au tombeau, une madone sur le trône entourée de saints* ; dans la salle du chapitre, *le chemin de la croix,* dans lequel se trouvent réunis au pied du Christ, entre deux larrons, saint Jean, sainte Marie, sainte Magdeleine, saint Marc, saint Jean-Baptiste, saint Jean l'Évangéliste, saint Laurent, saint Cosme et saint Damien, de l'autre côté, saint Dominique, saint Ambroise, saint Augustin, saint Jérôme, saint François, saint Bernard, saint Romuald, saint Pierre, martyr, saint Thomas d'Aquin. A l'entour, le pélican, symbole de la mort du Christ. La tribune possède six de ses peintures : *la naissance de saint Jean, le couronnement de la Vierge, le mariage de la Vierge, la mort de la Vierge.*

Beato Angelico mourut en 1455, son élève

le plus remarquable fut Benozzo Gozzoli dont on trouve des tableaux d'une grande beauté au Campo-Santo de Pise.

JACQUES BELLINI

— 1424 —

Jacques Bellini, ainsi que ses deux fils, *Gentile* et *Jean*, lesquels étaient supérieurs à leur père, contribua à donner un nouveau lustre à l'école vénitienne, et à la faire compter comme une ère de rénovation dans l'histoire de la peinture. Il n'existe plus rien de Jacques. On voit encore plusieurs tableaux de Gentile, entre autres un *Saint Marc*. Il eut le mérite d'avoir le Titien pour élève; on le regarde comme le fondateur de l'école vénitienne, et celui qui, le premier dans sa patrie, peignit à l'huile, secret qu'il avait dérobé, en 1450, à Antoine de Messine, lequel l'avait obtenu de Jean-Van-Eyck, dit de Bruges, peintre et chimiste flamand, qui en était l'inventeur, et qui mourut fort âgé en 1441. Gentile fut envoyé à Constantinople en 1479, près de Mahomet II, qui avait demandé un peintre habile. Il aurait, dit-on, copié dans cette ville les bas-reliefs de la colonne théodosienne, et serait mort à Venise en 1501.

Le plus célèbre des trois était sans contredit Jean Bellini, né à Venise en 1424, et mort dans la même ville en 1512. Il étudia la nature sans jamais l'exagérer et passait pour un excellent dessinateur. Il étendit le domaine de la peinture à l'huile, et peignit beaucoup de bons tableaux, dont un représentant le Sauveur donnant la bénédiction, qu'on voit encore dans la galerie de Dresde. Il est encore peut-être plus célèbre par le nombre d'élèves fameux qu'il a faits, et parmi lesquels on compte le Titien et Giorgione. C'est ce qui l'a fait surnommer le créateur de l'école vénitienne.

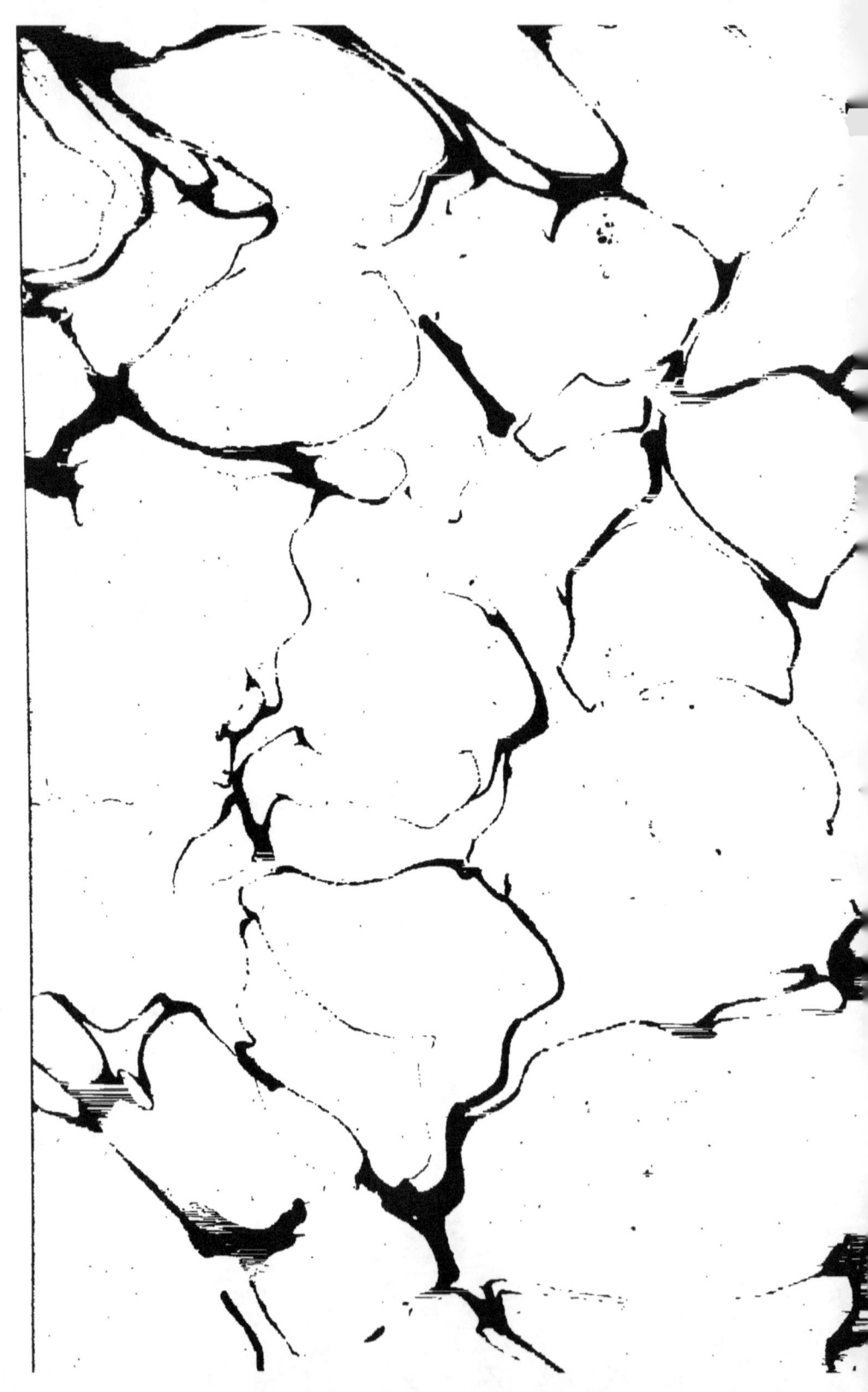

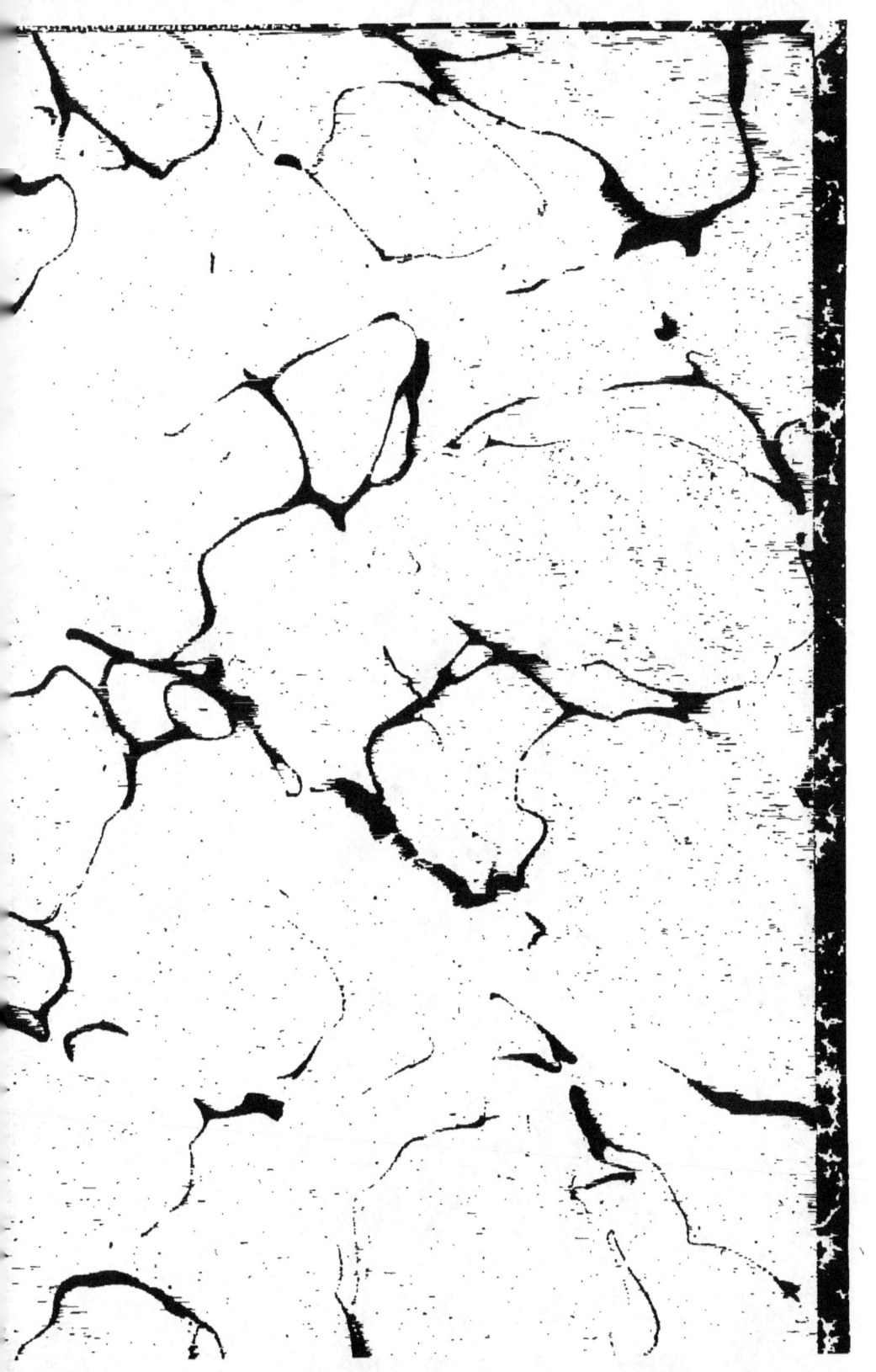

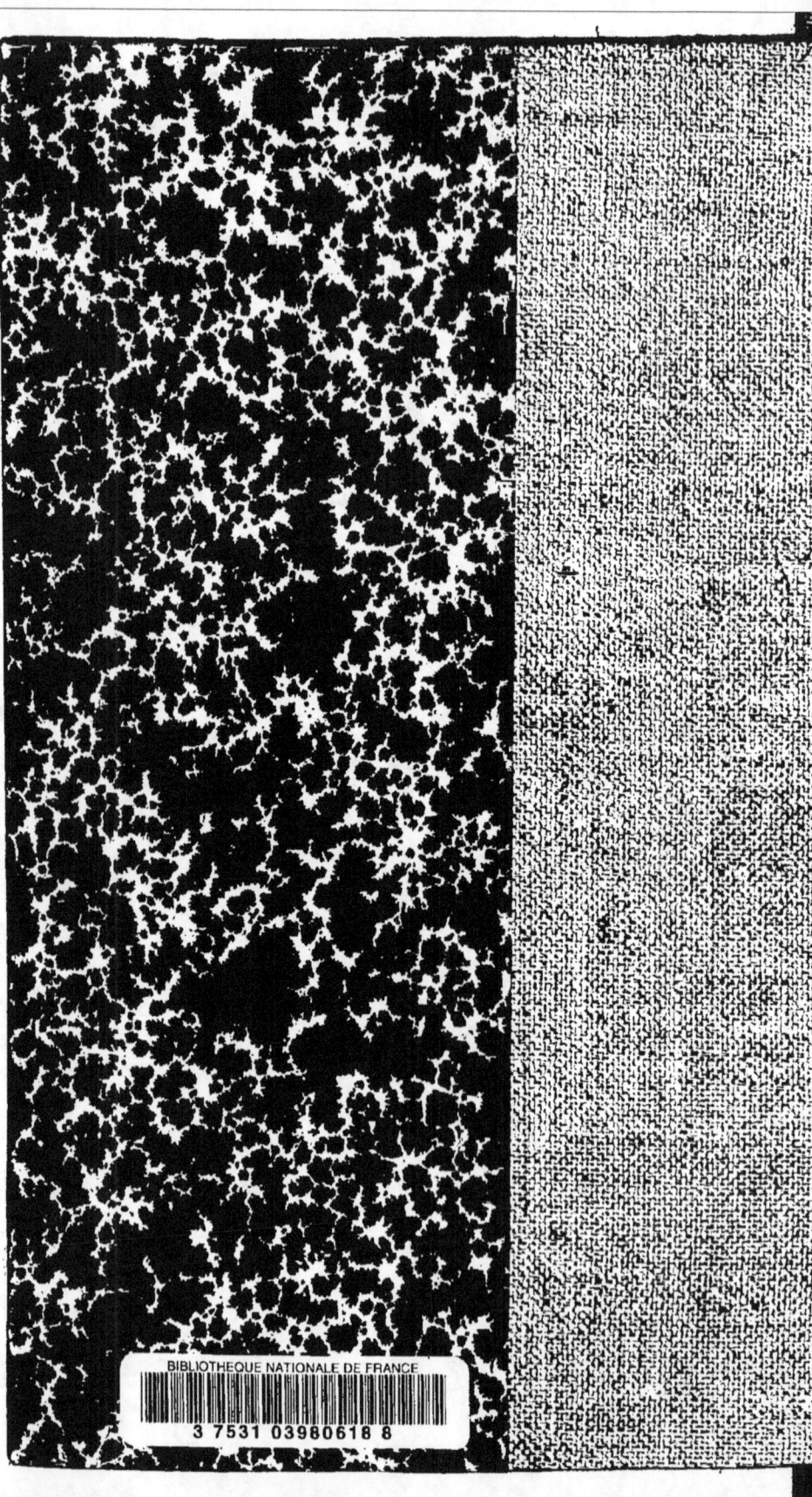

www.ingramcontent.com/pod-product-compliance
Lightning Source LLC
Chambersburg PA
CBHW070239230526
45470CB00002B/458